KB028234

가슴으로 가는 길

가슴으로 가는 길

하트풀니스 명상법

캄레시 파텔 · 조슈아 폴락 지음

한국하트풀니스명상협회 옮김

문진희 감수

The
Heartfulness
Way

마이트리

한국어판에 부쳐

다지 Daaji / Kamlesh D. Patel
Sahaj Marg "Heartfulness" 영성 지도자

인도는 예로부터 전 세계 곳곳에서 영적 구도자, 학생, 여행자들이 모여드는 곳이었습니다. 인도의 여러 구루쿨gurukuls, 아쉬람ashrams 그리고 나란다Nalanda 같은 유서 깊은 대학들은 다양한 지역에서 온 학생들과 학자들이 모여 심오한 지식과 영적 가르침을 함양했던 전통의 유산으로 남아있습니다.

이제 하트풀니스 본부인 칸하에서도, 고대로부터 이어져온 유산과도 같은 아름다운 만남이 오랜 세월 끝에 다시 메아리처럼 퍼져나가고 있습니다. 수십 년간 구도의 길을 걸어왔던 한국에서 온 한 여성 선구자가, 최근 이곳 칸하 샨티바남에서 영적 진리를 찾기 위한 여정을 시작했습니다. 저는 그녀를 알게 되어 기쁘게 생각합니다. 그녀의 앞선 행보를 따라서 한국에서도 여러 사람이 이 심오한 수행, 변화의 여정을 시작했습니다. 그리고 그들 모두의 염원으로 이 책이 한국어로 나오게 되었습니다.

영성과 인간 정신의 교차점을 계속 탐색해가면서,《The Heart-fulness Way》한국어판이 우리 모두를 하나로 통합하는 보편적인 진리를 더 깊이 탐구하는 데 영감을 주기를 바랍니다. 가슴과 마음이 섬세하게 서로 이어진 가운데, 국경과 문화를 초월하여 이 길을 탐험하고자 하는 모든 이들의 가슴속에 성스러운 여정이 펼쳐집니다.

저는 한국인의 온화함, 관대함, 명료한 정신을 잘 알고 경의를 표하며, 그것은 인도의 문화유산과 같은 뿌리를 두고 있습니다.

이러한 자질은 개인과 집단의 영적 진화의 길을 밝혀주는 길잡이 역할을 합니다. 하트풀니스는 고대의 영적 지혜에 기반을 둔 인류의 보편적인 수행법으로, 의식 상태를 끊임없이 초월해가는 이 변형의 대서사시의 촉매제가 됩니다.

존재의 영역에서 의식의 상태는 섬세하고 영묘한 지각 능력이며 개인마다 무한히 다양하게 나타납니다. 의식 상태는 미묘한 스펙트럼으로 나타나며 각 영혼은 고유한 인식 수준을 가지고 있습니다. 모든 인식 수준에는 그에 상응하는 이해의 층이 있고, 그에 따라 우리는 삶에서 마주하는 상황에 반응합니다.

우리는 우리의 의도, 생각, 행위로 만들어낸 복잡한 의식으로 어려움을 겪고 있습니다. 우리는 의식을 오염시켰습니다. 왜곡된 렌즈를 통해 세상을 인식하고 현실을 있는 그대로 보지 못합니다. 이런 현실을 타개할 수 있는 열쇠는 편견이나 선입견에 영향받지 않는 중립적인 마음을 기르는 것입니다. 같은 맥락으로, 신에 대한 경험도 우리가 따르는 종교의 영향을 받습니다. 종교마다 우리가 믿는 특정한 방식대로 신을 이해합니다. 우리는 편견을 가지고 상상한 대로 신들을 창조하고 있습니다. 하지만 우리의 소명은 공동체나 신념, 조건화된 한계를 초월하여 어떤 청사진에도 구애받지 않고 신성의 영역에 다가가는 것입니다.

하트풀니스 수행을 통해 의식은 점진적인 정화를 거쳐 원래의 순수함을 되찾게 됩니다. 이 여정에는 세심한 균형이 필요합니다. 절대적인 순수함이 갑자기 드러나 압도되면, 자아self의 근간이 무너져 자신의 존재를 인식하지 못할 수도 있기 때문입니다.

의식의 본질을 이해하려면 섬세한 꽃잎을 떼어내듯 복잡성의 층을 걷어내야 합니다. 순수함과 단순함이 우리의 조력자가 되면, 우리는 의식 자체를 지탱하는 구조에 대한 통찰을 얻게 됩니다.

비유를 들어보겠습니다. 순수한 어린 시절에는 장난감이 우리의 주의를 사로잡습니다. 성인이 되면 연애가 그런 대상이 될 수 있습니다. 명상의 예술에 몰입한 사람들에게는 의식이 궁극의 놀이터이자 숭고한 장난감이 됩니다. 하지만 현자는 이 심오한 놀이조차 그저 주의전환의 대상이며 초월로 가는 길의 디딤돌에 불과함을 압니다.

장난감이 아무리 의식 자체만큼 심오해도 우리는 장난감 놀이를 넘어서야 합니다. 의식을 지탱하는 것의 본질로 더 깊이 들어가면 우리 존재의 핵심에 놓여있는 신비가 드러납니다.

한 가지 당부드리고 싶은 것은 단순한 믿음만으로 책에 나오는 내용을 받아들이지는 마시라는 것입니다. 그렇게 하고 싶은 마음이 들더라도, 아래 지혜로운 격언처럼 철저한 회의론적 관점에서 접근하시기를 바랍니다.

"의심은 이해로 가는 길의 첫걸음이다."

높은 안목과 열린 가슴으로 수행하고, 경험이 인도하는 빛이 되게 하십시오. 그렇게 할 때 그 여정은 당신만의 여정이 되고, 개인의 참된 경험을 기반으로 발견하고 성장하게 될 것입니다. 그 경험이 영적인 길에서 진실한 믿음의 토대가 될 것입니다.

이처럼, 함께 우리의 의식은 진화하며, 내면의 무한한 잠재력을 일깨우고, 공동으로 영혼을 위한 평화와 번영의 씨앗을 뿌립니다.

가장 위대한 여정도 한걸음에서 시작됩니다. 이 책이 가슴의 무한한 가능성과 의식의 진화를 향해가는 독자 여러분의 변화의 여정에 등불이 되기를 기원합니다.

Foreword to the Korean Translation of the Heartfulness way

Daaji / Kamlesh D. Patel
Sahaj Marg "Heartfulness" Spiritual guide

India attracted spiritual seekers, students and travellers from diverse corners of the ancient world. India's gurukuls, ashrams and iillustrious universities such as Nalanda stand as a testament to this vibrant tradition, where students and scholars from various regions converged, fostering profound knowledge and spiritual teachings.

Echoing across the corridors of time, a more recent chapter unfolds, reminiscent of these ancient encounters, here in Kanha Shantivanam, which is the world headquarters of Heartfulness at present. A courageous pathfinder from Korea recently embarked on her quest for spiritual truth, after years of trying several different paths. Her journey led her to Kanha Shantivanam. I was happy to make her acquaintance. Following her pioneering footsteps, several more from her homeland have embarked on the transformative journey of these esoteric practices. Their collective pursuit has ignited the need for the translation of this book into Korean.

As we continue to explore the profound intersections of spirituality and the human spirit, may this book in Korean, inspire a deeper search for the universal truths that unite us all. In the delicate interweaving of hearts and minds, transcending borders and cultures, a sacred journey unfolds within every heart which sets out to explore this path.

We appreciate the Korean heart and mind, recognizing the softness, generosity, and clear-mindedness which share the same roots as that of India's culture and her heritage.

These qualities serve as guiding stars, lighting our

path towards individual and collective spiritual evolution. The universal practice of Heartfulness rooted in ancient spiritual wisdom emerges as a gentle catalyst on this transformative odyssey of the constant transcendence of states of consciousness.

In the realm of existence, the state of consciousness is that delicate, ethereal ability to perceive that varies infinitely among individuals. It manifests as a nuanced spectrum, each soul possessing a distinct level of perception. Every level of perception has a corresponding layer of understanding, and according to it, we shape our response to situations in life.

We are struggling with a complex consciousness created by our intentions, thoughts and actions. We have polluted our consciousness. We perceive the world through distorted lenses, unable to discern reality as it is. The key to unlocking this reality lies in cultivating a neutral heart, untouched by biases or preconceptions. In that sense, our experience of God is coloured by the religion we follow. From religion to religion we perceive

God as per the particular ways of our belief. We are creating our Gods just as they appear to us in our imagination which is influenced by our prejudices. The call, however, is to approach the realm of divinity unburdened by any blueprints, transcending the limitations imposed by community, faith, or conditioning.

With the Heartfulness practice, consciousness undergoes a gradual purification, so that it can tolerate its purity. The journey is a delicate balance, for an overwhelming surge of absolute purity could shatter the foundations of the self, leaving one unrecognizable to their being.

To comprehend the essence of consciousness, we must strip away the layers of complexity, much like peeling the petals of a delicate flower. As purity and simplicity become our allies, we gain insight into the scaffolding that supports consciousness itself.

Let's draw an analogy. In the innocence of childhood, toys captivate our attention. For grown-ups, romance may serve as a similar diversion. For those immersed in the art of meditation, consciousness becomes the ultimate playground, a sublime toy. However, the sage recognizes that even this profound play is a mere diversion, a stepping stone on the path to transcendence.

We can go beyond the play with toys, even if they are as profound as consciousness itself. Diving deeper into the essence of what upholds consciousness, unravels the mysteries that lie at the core of our existence.

My simple request is that you do not accept what is proposed in this book based on mere belief no matter how you feel inclined to do so. Instead, I suggest that you approach this book with a strong sense of skepticism, as the Korean proverb wisely advises,

"Skepticism is the first step on the road to understanding."

Try the practices with a discerning eye and an open heart, allowing your own experiences to be the guiding light. In this way, your journey will be uniquely yours and what you discover and grow into, will be rooted in the authenticity of personal experience which is the very foundation of genuine faith on the spiritual path.

Together, thus, we evolve our consciousness, unlocking the boundless potential within, and collectively, we sow the seeds of peace and prosperity for the soul.

Even as the greatest journey begins with a single step, I pray that this book be the catalyst for your transformative journey towards the boundless horizons of the heart and the evolution of consciousness.

서문

우리 인생에 어떤 일이 일어날지 우리는 알 수 없습니다. 당장 내일 무슨 일이 일어날지조차 알지 못하지만 이는 삶이 신비롭고 아름다운 핵심 이유이기도 합니다. 지난 60년간 저는 이 땅에서 많은 축복을 받았는데, 그중 하나는 10대 시절인 1976년 인도 아메다바드에서 약학을 공부하던 때의 일입니다. 당시 저는 대학 친구 덕분에 하트풀니스 명상을 접했고, 몇 달 뒤 제 첫 번째 구루가 되어 수련을 지도해준 놀라운 분을 만났습니다. 그의 이름은 람 찬드라로 우리는 그를 바부지Babuji라고 불렀습니다.

하트풀니스 명상을 처음 경험했을 때 그 영향이 어찌나 컸던지 저는 삶의 방향과 지향점을 찾았다고 확신했습니다. 그러나 바부지와 만나면서 생긴 변화는 그 이상이었고 그것의 본질은 설명할 수 없을 만큼 소중하고 미묘했습니다. 이후 제 내면세계에서 여러 우주와 차원들이 열렸지만, 이는 지난 40여 년 동안 있었던 일의 단 한 가지 측면일 뿐입니다. 더 놀라운 것은 하트풀니스 수행을 토대로 사랑, 수용, 겸손, 봉사, 연민, 공감 그리고 존재의 더 높은 목적 같은 풍요로운 일상 자질이 생겨났다는 점입니다.

이 모든 건 명상이라는 간단한 행동이 그 출발점입니다. 그저 조용히 앉아 눈을 감고 가슴속 존재의 근원에 집중하는 일 외에는 아무것도 필요하지 않습니다. 우리가 어린아이 같은 순수함과 경이로움으로 명상을 대할 수 있으면 내면의 우주는 우리 앞에 저절로 펼쳐집니다. 가슴에 기반한 명상 수련에서 우리는 존재의 가장 단순하고 순수한 측면인 영혼을 탐구하고 경험합니다. 그 모든 과정은 굉장히 자연스럽게 이뤄집니다.

이 책에서 소개하는 하트풀니스 수행법은 우리 영혼을 살찌우고, 영혼을 가리는 진흙과 잡초를 제거하며, 삶을 진정 의미 있게 만드는 어린아이 같은 순수함과 경이로움의 불꽃이 타오르게 합니다. 우리는 매일 도시 생활에서 오는 스트레스, 월급과 대출, 커리어와 인간관계로 이뤄진 일상을 살아갑니다. 하트풀니스 수행은 일상에 따른 우리의 반향을 단순화하고, 삶을 풍요롭고 만족스러운 방식으로 탐색하며 살아가도록 도와줍니다.

고통을 넘어 평화와 희망으로 가득한 하늘로 날아오르는 방법이 실제로 있다면 당신은 관심을 기울이겠습니까? 하트풀니스는 바로 그것을 줍니다. 즉, 문제를 없애거나 외면하지 않고 우리 내면을 바꿔 어떠한 제한도 없는 새로운 방식으로 세상을 바라보도록 해줍니다.

우리는 하트풀니스 수행으로 호기심을 확장하고 탐구하는 것은 물론, 의식을 넘어선 진정한 잠재력을 발견할 수 있습니다. 제가 삶에서 배운 모든 것이 당신에게도 기쁨과 도움을 주기를 바랍니다.

캄레시 파텔

책을 시작하며

2015년 8월 제가 인도 첸나이의 홈 오피스에 있을 때의 일입니다. 아내가 전화기를 들고 오더니 "캄레시께서 유럽에서 전화하셨어요"라고 말하며 웃었습니다. 아내가 미처 눈치채지 못한 사이 두 살배기 딸아이가 전화를 받아 캄레시와 이야기하고 있었던 모양입니다. 제가 전화를 받자 캄레시는 "당신이 명상에 관한 책을 써주었으면 좋겠어요"라고 했습니다. 저는 알겠다고 했지만 좀 의아했습니다. 전 세계 구도자들의 영적 안내자로 40년 넘게 명상을 해온 캄레시 자신이 책을 쓰는 게 당연하다고 생각했기 때문입니다.

몇 주 후 그를 만났을 때 저는 "책은 다지께서 써야 하지 않나요?" 하고 말했습니다.

캄레시는 웃으며 "같이 씁시다"라고 대답했습니다.

이후 2년간 우리는 인도와 미국 전역에서 여러 차례 폭넓은 대화를 이어갔습니다. 그 대화를 시간순으로 기록한 것이 이 책 《가슴으로 가는 길The Heartfulness Way》입니다.

약 20년 전 저는 여러 책을 읽던 중 명상에 관심이 가기 시작했습니다. '영성'이라는 주제에 마음이 끌린 것은 10대 시절부터였지요. 당시 부모님이 보유한 방대한 컬렉션을 뒤지다가 간혹 비기秘記를 발견했는데, 거기에서 우주의 모든 위대한 비밀이 쏟아져 나올 거라고 믿기도 했습니다.

처음에는 이름 높은 현자인 노자의 《도덕경》을 읽었습니다. 《도덕경》의 단순성과 지혜에 이끌린 저는 마음속에서 영적 갈망이 불길처럼 타올랐습니다. 그래서 다른 책들도 찾아 읽기 시작했는데 곧바로 불교, 도교, 수피교, 기독교 등의 경전에 빠져들었습니다. 아리스토텔레스와 성 아우구스티누스, 에머슨과 에피쿠로스도 읽었습니다. 그러다 어느 순간, 그간의 독서로 타인의 경험과 사고만 탐닉했다는 사실을 알아챘습니다. 문득 '나 자신의 경험은 무엇이지?' 하는 생각이 든 것입니다. 그때까지의 지식은 모두 추상적이었습니다. 저는 많은 영적 사상을 알게되었으나 그것은 그저 책에 나오는 말과 글에 불과했습니다. 저는 깨달음, 사토리, 사마디, 일루미네이션 같은 수많은 용어도 접했습니다. 그렇지만 이러한 개념이 실제로 무엇인지 알려면 수행이 필요하다는 사실을 깨달았습니다.

저는 맹렬한 기세로 다양한 형태의 수련을 섭렵했습니다. 명상 수업을 듣고 요가도 하고 심지어 무술도 배웠습니다. 한번은 세간에 잘 알려진 젠 마스터를 만났는데, 저는 저를 바라보는 그의 눈빛에 간신히 더듬거리며 "저는 아직 스승을 만나지 못했습니다"라고 했습니다. 그가 말했습니다.

"곧 만날 겁니다!"

그 무렵 저는 매일 명상을 하고 있었습니다. 그러나 만족스럽지는 않았습니다. 오히려 힘들고 지루했지요. 그렇게 몇 년을 헤매다 보니 열정이 식어갔습니다. 결국 명상을 향한 제 환상이 깨지면서 포기하기에 이르렀습니다.

2002년 8월, 동네의 한 가게 앞에 서 있는데 어떤 낯선 사람이 제게 말을 걸었습니다. 이야기를 나누던 중 그녀는 자신이 사하즈 마르그Sahaj Marg(힌디어로 natural path를 의미함)와 하트풀니스라는 명상으로 수련한다고 하더군요. 그녀는 하트풀니스 수련으로 자신의 삶이 바뀌었다고 말했습니다.

그 새로운 명상법에 호기심이 동하긴 했으나 저는 여전히 회의적이었습니다. 그때는 이미 이런저런 명상 이야기가 더 이상 귀에 들어오지 않았던 것입니다. 그들의 이야기와 제가 경험한 명상은 서로 달랐고, 저는 어쩌면 제가 명상에 적합하지 않은 사람일지도 모른다고 생각했습니다. 여기에다 진리의 길은 그리 쉽게 찾을 수 있는 것이 아니라는 생각도 들었습니다. 훌륭한 스승을 찾으려면 히말라야산맥 깊숙이 들어가거나 멀고 먼 외딴 지역을 찾아가야 하는 게 아닐까 싶었습니다. 과연 길에서 우연히 진정한 스승을 만날 확률은 얼마나 될까요? 그런데 내

안의 무언가가 말했습니다.

"가능하다…."

그러던 중 9월의 어느 화창한 날 아침 저는 어머니의 전화를 받았습니다. 어머니는 울고 있었습니다. 어린 여동생이 교통사고를 당해 의식을 잃고 병원으로 이송되는 중이었습니다. 여동생이 생사를 다투던 그때 저는 미국 한복판에 있었습니다. 제가 할 수 있는 일은 아무것도 없었습니다. 자정 무렵, 여동생은 열여섯 나이로 세상을 떠났습니다.

그런 일을 겪으면 사람들은 삶의 의미와 영성, 희망을 찾습니다. 이미 그것을 시도해본 저는 공허한 감정을 느꼈지만 브라이언 존스라는 하트풀니스 트레이너와 미팅 약속을 잡았습니다. 브라이언은 직업 화가였고 우리는 미완성 그림으로 가득한 그의 스튜디오에서 만났습니다. 커피를 마시며 대화하던 저는 모든 하트풀니스 트레이너가 비용을 받지 않고 봉사한다는 것을 알고 감명을 받았습니다. 우리는 옆방으로 자리를 옮겨 함께 명상을 시작했습니다. 브라이언은 저를 맞은편 의자에 앉게 하고 하트풀니스 명상법을 설명해주었습니다. 트레이너의 역할은 그저 함께 명상하는 것뿐이며 그 자체로 상대가 명상하는 데 도움을 준다고 했습니다. 그는 제게 눈을 감으라고 하더니 "시작하세요"라고 말했습니다.

그 이후에 일어난 일은 설명하기가 어렵습니다. 한참 뒤 저는 제가 사마디, 즉 에고의 경계를 넘고 시공간과 모든 것을 넘어 유영하는 깊은 평정심 상태를 살짝 경험했음을 알았습니다. 브라이언이 "이제 다 되었습니다"라고 말하며 명상을 끝냈을 때, 저는 마치 영원에서 빠져나온 것 같은 기분이 들었습니다.

명상 후의 고요함 속에서 우리는 말없이 앉아 평화로운 아름다움을 만끽했습니다. 그 순간 저는 평생 갈구해오던 특별한 무언가를 경험했음을 깨달았습니다. 그 '무언가'가 무엇인지는 잘 몰랐지만, 제가 기억하는 한 제 마음은 난생처음 완벽하게 평화롭고 행복했습니다. 나중에야 그 체험이 트랜스미션(요가적 전송yogic transmission)으로 가능했음을 알게 되었지요.

하트풀니스 명상은 명상, 정화, 기도 이 세 가지 핵심 수행법으로 이뤄진 통합 접근 방식입니다. 세 가지 수행법은 트랜스미션이 뒷받침하며 이는 하트풀니스 명상의 본질이자 변화를 위한 잠재력의 핵심입니다.

우리는 명상을 토대로 복잡한 마음mind에서 단순한 가슴heart으로 방향키를 돌립니다. 모든 것은 가슴에서 출발합니다. 가슴이 평화로울 때 마음도 쉴 수 있습니다. 가슴이 만족스러우면 마음은 통찰력과 명료함, 지혜를 얻습니다. 우리는 종종 가슴과 마음을 서로 충돌하는 두 개의 다른 실체라고 생각합니다. 하트풀니스 명상에서는 가슴이 마음을 조절하게 함으로써 둘이 조화롭게 합니다. 가슴과 마음은 명상으로 하나가 되고 이로써 우리 역시 하나가 됩니다.

정화 수행은 우리 삶을 지배하는 여러 정신이나 감정 성향으로부터 우리를 자유롭게 합니다. 우리는 정화에 기반해 내면의 무거움, 기질, 욕망을 제거하고 순수해집니다. 그리고 차츰차츰 우리의 진정한 본성을 드러냅니다.

우리는 기도로써 내면의 영적 근원에 연결되어 있음을 확인합니다. 더 나아가 우리를 기도의 충만함으로 데려가 근원과 하나가 되도록 이끕니다. 깊은 명상 속에서 우리의 염원과 바람이 자연스레 이뤄지게 하는 것입니다.

하트풀니스 수행은 20세기 초 인도에서 시작되었습니다. 이 수행법의 창시자 람 찬드라는 요가 수행자로 사람들은 그를 라라지Lalaji라고 불렀습니다. 라라지는 애초에 종교, 사회, 문화 배경을 불문하고 모두를 제자로 받았는데 당시 이는 드문 일이었습니다. 라라지는 스스로 다양한 전통을 섭렵하고 이를 종합해 현대인에게 적절한 방식으로 혁신했지요. 현대 구도자들은 삶에서 많은 의무를 지고 있기에 영적 고양에만 헌신하기가 어렵습니다. 그렇지만 하트풀니스 명상은 삶에서 영적, 물질적 양 날개가 조화롭게 기능하도록 균형 있고 통합적인 삶을 제안합니다.

라라지의 영적 후계자 역시 이름이 람 찬드라인데, 그는 세상에 바부지로 알려져 있습니다. 바부지는 하트풀니스 수행을 완성해 현재의 형태로 발전시켰고 전 세계 구도자를 이끌어왔습니다. 바부지의 후임자는 하트풀니스 수행의 세 번째 지도자인 파르타사라티 라자고팔라차리(차리지Chariji)입니다. 그리고 2014년 12월 20일 차리지가 세상을 떠나면서 캄레시가 하트풀니스 계보를 이어 네 번째 지도자가 되었습니다.

2008년 제가 인도로 전근을 가 차리지와 여러 차례 교류할 수 있었던 것은 행운이었습니다. 처음 차리지를 만났을 때 몇 년 전 젠 마스터가 했던 말이 떠올랐습니다. 그러나 얼마 지나지 않아 저는 스승은 밖이 아닌 내면에서 만난다는 것을 깨달았습니다.

인도에 살면서 저는 이웃이자 친구의 아버지이기도 한 캄레시도 만났습니다. 저는 금세 그에게 존경심과 애정을 느꼈는데, 그는 제가 알던 사람 중 가장 진실하고 현실적이었습니다. 한번은 그의 아들이 아파트 경비원 한 명이 늘 불행해 보인다며 "명상을 하면 도움을 받을 텐데" 하고 말했습니다. 그러자 캄레시는 "지금 당장 그에게 필요한 건 신이 아니라 빵이란다"라고 했습니다.

캄레시는 1956년 인도 북서부 구자라트주에서 태어났습니다. 그는 약학대학 재학 중이던 1976년 하트풀니스 수행을 시작했지요. 졸업 후 그는 미국으로 이주해 뉴욕에서 약사로 일하며 명상 수련을 계속했습니다. 2011년 차리지는 그를 자신의 영적 후계자로 공식 지명했고, 그가 세상을 떠난 뒤 캄레시는 4대 지도자가 되어 계보를 이었습니다.

이후 캄레시는 하트풀니스 협회 활동을 안내하고 전 세계 구도자를 꾸준히 지원하며 영적 의무에 헌신해왔습니다. 그는 모든 공식 직함을 삼가지만 사람들은 그를 구자라트어로 삼촌이라는 뜻인 다지Daaji로 부릅니다.

이 책은 다지와 제가 하트풀니스 수행과 원칙을 탐구한 진솔한 대화 기록입니다. 그 대화에서 저는 다지에게 많은 질문을 합니다. 어떤 질문은 제가 명상에 입문하면서부터 묻고 싶던 것입니다. 제가 하트풀니스 트레이너로서 자주 받는 질문들도 있고 대화하는 과정에서 자연스레 떠오른 질문도 있습니다.

이 책은 세 부분으로 이뤄져 있습니다. 1부에서는 영적 탐색의 본질을 살펴보고 명상과 트랜스미션을 설명합니다.

2부에서는 명상, 정화, 기도 등 하트풀니스의 핵심 수행 방법을 소개합니다. 알아야 할 기본과 실용적 지침을 함께 담았습니다. 각 장은 이 간단한 수행 방법을 안내하는 단계별 가이드로 마무리했습니다.

3부에서는 내면 여정을 지원하는 구루의 보이지 않지만 중요한 역할을 이야기합니다.

이 책은 제 삶과 전 세계에서 하트풀니스를 수련하는 많은 사람의 삶을 바꿔놓은 하나의 수행 경험으로 당신을 초대합니다. 그러나 어떤 책도 우리를 변화시킬 수 없습니다. 책은 우리에게 지혜를 줄 수는 있어도 우리를 현명하게 만들어주지는 못합니다. 이 책은 많은 사람을 스스로 진실을 발견하고 체험하는 길로 안내합니다.

우리는 다양한 곳에서 영성을 추구하지만, 영적 근원은 결코 외부에서 찾을 수 없습니다. 그것은 지성으로 파악할 수 없고 오직 느낌으로만 알 수 있습니다. 근원의 느낌은 가슴에서 오는데 이는 가슴이 느낌의 기관이기 때문입니다. 하트풀니스를 실천한다는 것은 형식을 넘어 본질을 찾는 일입니다. 이는 의식 너머의 실체를 찾는 행동입니다. 하트풀니스는 가슴의 중심에 집중해 거기서 진정한 의미와 만족을 찾습니다.

구도자에게 전하는 다지의 메시지는 단순하고 직접적입니다. 그만큼 경험은 지식보다 위대합니다. 훌륭한 교사라면 누구나 이 점을 이해할 것입니다. 그런 까닭에 많은 수업이 강의와 실습 모듈을 모두 포함하고 있습니다. 다지는 강의에서는 원리를 배우고 실제 경험은 체험으로 쌓아야 한다고 말씀하시곤 합니다. 당신도 자신의 가슴을 체험장 삼아 하트풀니스 수련을 경험해보길 바랍니다.

모든 실험에는 실험자와 그 대상이 있으며 결과 역시 존재합니다. 영적 실험에서는 당신 자신이 이 세 가지 역할을 모두 해야 합니다. 당신이 실험자이고 대상이며 그 결과입니다. 이 실험에는 끝이 없습니다. 단지 발견의 과정만 거듭될 뿐이지요. 바로 그것이 하트풀니스가 주는 기쁨이자 경이로움입니다.

조슈아 폴락

1부

왜 하트풀니스인가

Why Heartfulness

1장

구도자의 여정

The Seeker's Journey

인도 첸나이에 있는 다지의 아파트에 들어섰을 때, 저는 흔들의자에서 쉬고 있는 다지를 발견했습니다. 제가 다지에게 다가가자 그의 얼굴에 따뜻한 미소가 번졌습니다. 그는 손을 내밀어 악수하며 말했습니다.

"형제여, 잘 지냈나요?"

제가 그의 맞은편에 앉자 옆방에 있던 가족이 다가와 제게 차를 권했습니다. "커피를 주게." 다지가 막으며 말했습니다. "커피를 더 좋아할 거야." 정말 그랬습니다.

사람들이 다지에게 가장 먼저 느끼는 것은 그의 평온함입니다. 그와 함께 있으면 그 울림이 상대에게 전달됩니다. 그의 말은 한마디 한마디가 신중하고 적절합니다. 그는 대개 꼭 필요한 말만 합니다. 그가 전달하는 본질을 탐색하고 생각을 확장하면서 듣는 것은 상대의 몫입니다. 그가 하는 말 사이사이에는 침묵의 시간이 존재합니다. 바로 그 순간 사람들은 그의 가르침보다 더 중요한 많은 것을 이해합니다. 이런 상황에서 내적 만족을 얻으면 자신의 질문이 무엇이었는지 잊고 맙니다. 다지를 인터뷰해야 했던 저는 이것이 두려웠습니다. 그런데 오히려 우리 둘 사이에 새로운 역동성이 생기고 있음을 발견했습니다. 대화는 계속 이어졌고 그는 모든 질문에 열정적이고 심도 있게 대답했습니다. 다지가 물었습니다.

"자, 질문할 것이 있다고요?"

"네, 첫 질문부터 시작하겠습니다. 명상을 왜 하나요?"

"왜 하지 않나요?" 그가 재미있다는 듯 웃으며 대답했습니다.

"글쎄요, 명상을 하는 이유는 사람마다 다르겠지요. 삶에서 우리의 목표는 각자 필요와 취향에 따라 다르니까요. 가령 어떤 사람은 살을 빼려고 헬스장에 갑니다. 어떤 사람은 식스팩을 원하겠지요. 그런데 두 사람 모두 같은 헬스장에 갑니다. 전 세계 명상가와 교류하면서 저는 한 가지 패턴을 발견했어요. 사람들은 대개 처음 명상 수행을 하려고 할 때 다양한 목표를 세웁니다. 일례로 많은 사람이 생활에서 오는 스트레스 때문에 힘들어

합니다. 그들은 긴장을 풀고 싶어 하죠. 어떤 사람은 혈압을 낮추려 하고 또 어떤 사람은 맑은 정신을 원합니다. 정서적 균형을 원하는 사람도 있습니다. 아무튼 일단 명상을 시작하면 그들은 곧 이러한 목표를 훨씬 뛰어넘는 효과를 얻기 시작합니다. 가끔은 내면의 기쁨과 환희에서 오는 충만함으로 놀라워합니다. 그건 마치 굶주린 사람이 먹을 것을 찾을 때 누군가가 성찬을 베푸는 것과 같지요! 더구나 그 효과는 분명하게 즉각 일어납니다. 단 한 번의 명상으로도 그 효과를 경험할 수 있습니다. 만약 두 번, 세 번 명상하면 어떨까요? 여러 차례 명상하면서 그 효과가 쌓여가는 것을 상상해보십시오!"

"그렇다면 명상이 원래 목표로 한 것에도 도움을 줄까요?"

"특별히 목표를 정하지 않아도 명상은 원하는 바를 해결해줍니다. 명상은 그저 내면 상태를 회복하는 것입니다. 스트레스를 받은 사람은 명상한 후 '명상을 하면 마음이 편안해져요'라고 말합니다. 불안해하던 사람은 명상하고 나서 '명상을 하면 마음이 진정됩니다'라고 말하지요. 화가 나거나 괴로워하던 사람은 명상한 뒤 '명상은 가슴을 열어줍니다. 이것은 당신을 사랑하게 만듭니다'라고 말합니다. 이렇게 다양한 반응을 들으면 혼란스러울 수 있습니다. 우리는 실제로 명상이 무엇을 하는 것인지 생각하게 됩니다."

"명상은 무엇을 하는 건가요?"

"자연으로 돌아가는 겁니다. 자연스러움을 향해 갈수록 내 안의 불편함은 사라집니다. 불편함에는 천 가지 종류가 있을 수 있지만 자연스러움은 단 하나뿐입니다. 자연스러워지면 수천 가지 불만을 해결할 수 있습니다. 왜 명상을 할까요? 명상을 진행하면서 우리의 목표가 달라지기 때문에 그 대답은 간단하지 않습니다. 오늘 명상을 하는 이유가 내일은 달라질 수 있습니다. 이는 자연스러운 현상입니다. 명상할수록 우리는 더 지혜로 워집니다. 우리가 무엇이고 무엇이 되어야 하는지 더 잘 이해할 수 있지요. 명상은 우리를 그 무한한 여정으로 이끄는 매개체입니다."

"그 여정에 끝이 없다면 과연 도착할 수 있을까요?"

"어디로 말입니까?" 그가 크게 웃으며 말했습니다.

"'그래, 해냈어!'라고 생각하는 순간 당신은 성장을 멈춥니다. 더 이상 움직이지 않기 때문입니다. 그러나 진화는 결코 멈추는 법이 없습니다. 우리는 언제든 기꺼이 변해야 합니다. 다음에 무엇이 기다리고 있든 다음 단계로 나아갈 준비를 하고 있어야 합니다."

"하지만 영성을 다룬 문헌에는 완벽한 존재로 그려진 인물이 넘쳐납니다."

"그들 자신이 그렇게 말했을까요? 수학에는 점근asymptote 개념이 있습니다. 그에 따르면 한 선에 곡선이 점점 더 가까워지는데, 이 곡선은 계속해서 선에 무한히 가까워지지만, 곡선과 선은 결코 만나지 못합니다. 둘은 점점 더 가까워질 뿐입니다. 고도로 수행한 구도자는 그 곡선과 같습니다. 결코 목적지에 도착하지 않으면서 영원히 그 지점에 가까워집니다. 어느 순간 그는 목표에 무한히 가까워지는 동시에 무한히 멀어집니다. 그렇지만 계속 움직입니다. 구도자가 존재하는 한 그 움직임은 끝나지 않을 것입니다.”

“우리는 무엇을 향해 나아가고 있습니까?”

“이기심에서 이타심으로 나아갑니다. 대응하는 마음에서 응답하는 마음으로, 에고의 감옥에서 자유로, 지금 ‘여기’에서 영원하고 시간을 초월한 존재로, 형식 숭배에서 무형으로, 수축에서 확장으로, 불안에서 평안으로 나아갑니다. 피상적인 것에서 진정한 것으로, 고집에서 수용으로, 불균형에서 균형으로, 어둠에서 빛으로, 무거움에서 가벼움으로, 투박함에서 섬세함으로, 존재의 가장자리에서 근원과 상위 자아의 핵심으로 나아갑니다.

아시겠지만 명상의 목적은 우리의 변화에 있습니다. 변화는 종교의 목적이기도 하죠. 이는 자아계발과 정신의학의 목적이기도 합니다. 그런데 우리가 어떤 식으로든 자신을 변화시키려 할 때마다 우리는 우리를 가로막는 엄청난 관성의 힘에 부딪힙니다.

물론 도움을 줄 만한 것도 많이 있습니다. 특히 요즘 같은 시대에는 훌륭한 가르침이 넘쳐납니다! 클릭 한 번으로 전통 가르침의 거의 모든 정보를 얻을 수도 있습니다. 수많은 주제와 관련된 최신 과학 연구도 볼 수 있고요. 지금은 정보의 시대입니다. 그렇지만 정보는 그저 우리에게 많은 도움을 줄 뿐입니다."

다지는 웃으며 말을 이었습니다.

"옛날 우스갯소리가 생각나는군요. '벌레는 수천 권의 책을 먹어 치웠어도 박사학위를 받지 못했다'라는 말이 있지요. 그게 바로 책벌레입니다. 아무리 많은 지식을 쌓아도 현명해지지는 못합니다! 지식은 우리를 변화시킬 수 없습니다. 가령 인내가 미덕이라는 것은 누구나 알지만 안다고 모두가 인내하는 건 아닙니다. 마찬가지로 우리는 모두 사랑의 가치를 알고 있습니다. 세상의 모든 위대한 스승은 사랑을 이야기했습니다. 하지만 사랑을 아는 것과 사랑을 느끼고 표현하는 것은 완전히 다른 문제입니다!

여기서 우리는 무엇을 배울 수 있을까요? 가르침만으로 충분했다면 지금쯤 우리는 모두 이미 변화했을 것입니다. 수많은 위대한 인물이 우리보다 앞서 위대한 가르침을 남기고 먼저 세상을 떠났으니까요. 그런데 세상은 여전히 그대로입니다. 위대한 가르침만으로는 충분하지 않습니다. 지식만으로는 충분하지 않습니다. 예를 들어 사람들이 신의 전지전능함을 믿는다고 삶에서 끊임없이 그분이 존재함을 느끼며 삽니까? 만약 그렇지 않다면 그 믿음이 과연 어떤 도움을 줄 수 있을까요? 그것이 당신에게 위안을 줄 수도 있습니다. 그러나 믿음에서 오는 위안이 이면의 현실에서 오는 경험을 대신할 수는 없습니다."

바로 그때 누군가가 방으로 들어와 점심을 먹자고 불렀습니다. 다지가 말했습니다.

"갑시다. 식사합시다."

우리는 식탁에 앉았으나 식사는 아직 준비되지 않은 상태였습니다. 뭔가 착오가 있었던 모양입니다. 다지가 웃으며 말했습니다.

"이게 바로 제가 말하고자 하는 겁니다. 식사가 준비되었다는 말만으로는 허기를 채울 수 없습니다. 단지 믿음만으로 마음속 갈망을 채울 수는 없지요."

잠시 후 우리는 조용히 식사를 시작했습니다. 그때 다지가 말했습니다.

"우리는 명상으로 내면에 들어가 더 높은 어떤 것과 연결됩니다. 그렇기에 우리는 어디에 있든 그것을 찾을 수 있습니다. 우리에게 순례는 필요 없습니다. 우리 옷차림이나 습관, 이름을 바꿀 필요도 없습니다. 그저 눈을 감고 조용히 명상하는 것 외에는 아무것도 할 필요가 없습니다. 이것이 우리가 실제로 영적 체험을 하는 방법입니다.

경험은 영성과 종교를 구별하는 요소입니다. 경험이 없는 믿음은 공허합니다. 너무 추상적이지요. 세상 문제를 대할 때 사람들은 대부분 문제를 이해합니다. 예를 들어 과학 수업은 강의와 실습으로 이뤄집니다. 강의에서는 원리를 이해하지만 실험실에서는 원리가 실제로 작동하는 것을 봅니다. 실습은 원리에 실질적으로 익숙해지게 해줍니다. 직접적인 경험이 지식을 뒷받침하는 것이지요.

그런데 사람들은 영적 문제에는 좀 더 완고한 경향을 보입니다. 그들은 지식을 직접 체득하는 것을 부담스러워하고 타인의 가르침에 의존합니다. 그러나 가슴에서 자신이 직접 체험하길 원하는 순간이 옵니다. 이는 지식으로 충족할 수 없는 요구입니다. 믿음도 마찬가지입니다. 그래서 사람들은 영적 탐구를 시작합니다. 이는 종교적 믿음을 비판하는 게 아닙니다. 종교는 하나의 토대지만 과연 그 토대란 무엇일까요? 우리는 그것을 기반으로 쌓아가야 합니다. 종교적 가르침 자체는 진리에서 오지만 그 진리를 스스로 깨닫지 못하면 별 의미가 없습니다. 가르침이 진리라는 것만으로는 충분하지 않습니다. 그것은 '당신 자신에게' 진리여야 합니다.

진리는 실천으로 깨달아야 하고 명상은 그 실천의 방편입니다. 실천적 경험이 부족하면 다양한 종교가 서로 다른 언어로 말하는 것처럼 보입니다. 이를테면 우리는 기독교, 불교, 힌두교, 이슬람교 등 수많은 종교만 보고 말지요. 그 간극을 좁히고자 우리는 각 종교를 배우려고 애쓰기도 합니다. 하지만 지식은 오히려 종교를 더욱더 서로 다르게 보이도록 만들 수 있습니다! 알다시피 기독교는 천국을, 불교는 열반을, 힌두교는 해탈과 아함 브라마스미(나는 브라만이다) 상태를, 수피교는 파나-에-파나(죽음의 죽음)와 바쿠아-에-바쿠아(생명의 삶)를 얻기 위해 노력합니다.

우리는 흔히 '그 종교들이 모두 같은 진리를 말하지는 않겠지?'라고 생각합니다. '하나가 옳다면 나머지는 틀린 것이겠지.' 이제 우리는 논쟁을 시작합니다. 어떤 신이 진짜인지 싸웁니다. 어떤 철학이 참된 철학인지 다툽니다. 창시자의 정당성을 놓고 토론합니다. 어떤 이들은 지쳐서 무신론자로 남습니다. 그들은 '모든 종교가 다 틀렸어!'라고 생각합니다.

그러나 당신이 명상으로 그런 상태 중 일부라도 실제로 경험하면 종국에는 모두가 같다는 것을 깨닫습니다. 그럼 더 이상 배척할 수 없습니다. 더는 자신의 종교만 옳다고 주장할 수도 없습니다. 대신 모든 종교를 포용하고 수용합니다. 싸울 이유가 어디 있겠습니까?

그래서 저는 늘 당신의 전통이 무엇이든 그 전통을 지키되 명상도 함께하길 권합니다. 명상은 당신이 내면으로 더 깊이 들어가 진리를 발견하도록 도와줍니다. 그러면 모든 종교의 본질이 같다는 것을 알게 됩니다. 이는《리그베다》의 유명한 구절과 같습니다. '실체는 하나다. 단지 전하는 자들이 이를 여러 가지 방식으로 말할 뿐이다.'"

그런 후 다지는 화제를 바꾸었습니다.

"명상 체험이 좋기는 해도 늘 성공적이진 않습니다. 우리의 경험은 심오할 수도 있고 굉장히 즐거울 수도 있습니다. 그렇지만 개인의 그 경험이 변화로 이어지는 경우는 드뭅니다. 황홀경에 빠지면 사람이 곧바로 친절해지나요? 엑스터시가 우리를 사랑하도록 만드나요?" 그는 고개를 저었습니다.

"그렇다면 그 경험의 목적은 무엇인가요?" 제가 물었습니다.

"음, 당나귀를 움직이게 하려면 당근이 있어야 하지요." 그가 웃으며 말했습니다.

"결국 인센티브 문제군요." 제가 말했습니다.

"명상으로 경이로움을 체험하지 못한다면 아무도 명상을 하지 않겠지요. 명상은 우리에게 변화를 안겨주긴 하지만 우리에게는 명상을 지속할 이유가 필요합니다."

"저는 우리 경험이 명상을 계속하도록 격려하는 것 이상의 역할을 한다고 생각합니다. 우리에게 무언가를 가르쳐주기도 하고요." 제가 말했습니다.

"네, 하지만 우리가 그 경험에서 늘 배우고 있는 것은 아닙니다!"다지가 응수했습니다.

"우리는 명상으로 변화합니다. 명상 수행은 우리 존재의 더 깊은 차원에서 작용합니다. 지식과 경험은 의식 수준에서만 작용하지요. 그것만으로는 충분치 않습니다. 우리의 생각, 태도, 감정, 습관은 무한히 드넓은 잠재의식에 뿌리를 두고 있습니다. 더구나 우리의 잠재의식은 우리가 의식적으로 향유하는 생각보다 훨씬 더 강력합니다. 바로 이것이 우리가 변화를 위해 의식적 차원에 국한된 노력을 할 때 실패하는 이유입니다. 의도한 행동은 바꿀 수 있겠지만 무의식에서 나오는 행동은 어떻게 바꿀 수 있을까요? 내가 하는 행동을 인식하지도 못하는데 어떻게 바꿀 수 있을까요? 우리 삶에서 의미 있는 변화를 이끌어내려 할 때 이것이 가장 큰 난관입니다. 진정한 변화는 껍데기만 바꾸는 것이 아니라 우리 존재의 모든 차원에서 총체적으로 일어납니다.

우리가 미처 알아차리지 못하는 사이에도 우리는 변화합니다! 명상할 때 왜 그렇게 행복한지 우리는 알지 못합니다. 왜 그렇게 가벼워지는지도 모릅니다. 먼저 눈치채는 사람은 가족과 친구, 동료 들입니다. 그리고 이제 우리는 그들의 삶에 변화를 일으킵니다. 우리는 사랑으로 호흡합니다. 사랑으로 걷고 말합니다. 사랑을 실천합니다. 여기서 우리는 지식과 경험이 우리를 방해한다고 말하고 있지만 명상이라는 실천 요소를 더하면 오히려 매우 유용해질 수 있습니다."

"명상으로 얻는 지식이 경험에서 오기 때문인가요?"

"물론입니다. 명상은 추상적인 지식을 실용적으로 바꿔주기도 합니다. 예를 들어 영성과 관련된 문헌을 읽을 때 우리는 그 내용이 우리 경험과 서로 통한다는 것을 알게 됩니다. 또 문헌은 우리 경험을 명확히 설명해줍니다. 문헌에 기반해 우리는 더 높은 수준으로 이해할 수 있습니다.

명상 수련을 하면서 우리는 우리 경험에서도 배우기 시작합니다. 이전에는 변화에 저항하는 무의식 때문에 경험이 무용지물이었다면, 명상 수행을 하면서부터는 내면의 저항이 사라져 그렇지 않습니다. 채찍 그림자에 놀라 달리는 말처럼 이제 우리에게 필요한 것은 경험의 암시입니다. 그것만으로도 당신의 내면에서 변화가 일어나기 시작합니다. 마치 우주 공간에 둥둥 뜬 물체처럼 우리는 한번 두드리기만 해도 계속 움직입니다. 거기에는 저항이 없습니다. 우리 경험도 마찬가지입니다. 경험이 그저 당신을 가볍게 두드리기만 해도 당신은 고귀한 존재가 됩니다."

"경험으로 결국 무엇을 알게 될까요?"

"경험은 내 안의 본성에서 나옵니다. 가령 화가 나면 부정적 경험을 하게 되지요. 분노는 우리가 원하는 경험을 하지 못하도록 막습니다. 질투를 하면 또 다른 부정적 경험을 합니다. 반면 사랑하고 너그럽게 대하면 아름다운 경험을 합니다. 아름다움의 정도는 사랑과 관대함의 정도에 따라 달라집니다.”

“경험은 우리가 어느 쪽으로 향하고 있는지 알려줍니까?”

“그렇습니다. 경험은 일종의 지표입니다. 경험이 가리키는 방향은 내가 향하는 대로 수정이 이뤄집니다. 꾸준히 수행하면 이것을 이해하고, 이를 이해하는 것에서 변화가 시작됩니다.”

“그러니까 경험 자체의 역할은 명상하기 전과 크게 달라지지 않는군요. 당나귀를 꾀는 당근처럼 경험은 우리를 올바른 방향으로 이끌어가는 역할을 하는 것이로군요.”

“그렇습니다. 이제 경험으로 변화가 가능한 이유는 당나귀의 완고한 고집을 스스로 꺾었기 때문입니다!”

“우리 내면의 저항을 말씀하시는 거로군요.”

“그렇습니다. 또한 당나귀라는 존재 자체가 사라지는 날이 옵니다. 그리고 결국 저는 제 모든 경험에 영향을 미치는 단 한 가지가 존재함을 깨달았습니다. 바로 ‘에고’입니다. 에고가 강할수록 나쁜 경험을 합니다. 스스로 겸손하고 낮아지면 더 나은 경험을 합니다. 이는 단순한 논리입니다! 그러다 문득 한 가지 생각이 머리를 스칩니다. ‘완전한 무로 돌아간다면, 그러니까 에고가 없으면 어떻게 될까?’”

“명상이 그것 또한 가능하게 하겠지요.”

“그렇습니다. 이제 우리에게 발견할 수 있는 유일한 변화는 내가 더 많은지 적은지에 달려 있습니다. 바꿔 말해 우리 안에 신이 얼마나 크게 자리 잡고 있는지 질문할 수 있습니다. 내가 크면 신의 자리는 작아지고 내가 작으면 작을수록 신은 크게 존재합니다. 결국 이는 존재하는 것과 존재하지 않는 것에 대한 질문입니다."

"아, 당나귀가 사라진다는 말씀이 바로 그거였군요!"

다지는 고개를 끄덕였습니다.

"궁극의 근원에 녹아들면 그것은 완전한 지복입니다. 아니, 나 자신이 지복이 됩니다. 내가 지복이 되면 그것을 어떻게 경험할 수 있을까요? 그것은 마치 물방울이 바다에 떨어지는 것과 같습니다. 물방울은 더 이상 존재하지 않습니다. 물방울은 바다가 됩니다.

이것이 영적 전통의 마지막 단계를 말로 설명할 수 없는 이유입니다. 숭고하고 완벽하며 균형 잡힌 궁극의 상태를 말로 표현할 수는 없기 때문입니다. 이 경지에 도달한 사람이 이기적일 수 있을까요? 폭력적일 수 있을까요?

우리가 사는 세상은 많은 위기에 직면해 있습니다. 정치와 사회 문제 그리고 경제와 환경 문제가 있습니다. 이 모든 문제로 인류는 고통받고 있습니다. 사실 세상의 문제는 간단합니다. 그것은 인간 사이의 인류애와 연민, 관용과 겸허함, 수용이 결핍되었기 때문입니다. 인간의 양심을 오염시킨 오만과 증오, 폭력 때문입니다. 편견과 편협함 때문입니다. 마음에 평화가 없는 사람 주변에 평화가 있을 수는 없습니다. 그 사람은 늘 논쟁하고 싸울 거리를 찾을 것입니다. 자신의 마음이 평화로울 때만 타인과 평화로울 수 있습니다.

혐오 문제를 어떻게 해결할 수 있을까요? 정치적으로 해결할 수 있을까요? 사랑과 포용을 법으로 정하고 강제할 수 있을까요? 어떤 법이 사람의 마음을 움직일 수 있을까요? 마음은 변화를 결심할 때만 움직입니다. 또한 그것은 개개인에게 결정권이 주어진 개인적인 선택입니다. 강요할 수 없습니다. 우리는 그저 사람들에게 변화를 위한 영감을 주고 필요한 수단을 제공할 수 있을 뿐입니다.

그러니 다른 사람을 변화시키려 애쓰기보다 자신의 변화에 집중해야 합니다. 타인에게 아무것도 요구하지 않아야 합니다. 있는 그대로 받아들이고, 사랑하고, 자기 가족을 대하듯 그들을 섬길 준비를 하는 것으로 만족합시다. 이것이 지금 세상이 절실하게 요구하는 인류애입니다.

타인의 결점을 받아들이게 하는 건 오직 사랑뿐입니다. 자기 아이를 포기하는 어머니를 본 적 있습니까? 아이가 끊임없이 말썽을 부려 학교에서 쫓겨나거나 더 나쁜 짓을 저질러도, 모두가 떠나버려도, 어머니만큼은 아이 곁을 지킵니다. 그것이 어머니의 사랑입니다. 사랑이 있는 곳에 포용이 있습니다. 사랑이 있는 곳에 용서가 있습니다. 사랑이 있는 곳에 연민이 있습니다. 사랑은 모든 고귀한 자질의 근본입니다. 그러니 사랑이 있다면 굳이 다른 게 필요할까요? 사랑 하나만 있으면 모든 것을 포용하고 용서하고 연민합니다. 사랑 하나만으로 충분합니다. 그 외의 것을 요구할 필요가 없습니다. 우리 모두 이걸 알고 있습니다. 과거에도, 지금도 위대한 스승은 모두 그렇게 말씀하십니다. 하지만 그 가르침으로 충분했다면 지금쯤 우리는 모두 달라져 있어야 하겠지요?"

2장

명상 이해하기

Demystifying Meditation

명상 수행은 많은 묵상 전통에서 핵심 부분을 차지합니다. 명상은 의식ritual과 믿음을 넘어 신성에 접근하는 가장 효과적인 방법으로 알려져 있기도 합니다. 의식은 우리가 존재의 물리적 차원에서 행하는 행동으로 물리적 차원에 머물러 있습니다. 믿음은 정신적 차원에 존재합니다. 이 두 가지를 초월해 존재의 영적 상태에 도달하려면 더 높은 차원의 영적 존재에 속한 무언가의 도움을 받아야 합니다. 이것이 바로 하트풀니스 명상에서 우리가 취하는 방법입니다. 이를 더 잘 이해하기 위해 저는 명상 수행의 첫 관문부터 질문했습니다.

"명상이란 무엇인가요?"

제가 다지에게 묻자 그는 펜을 꺼내 그림을 그렸습니다.

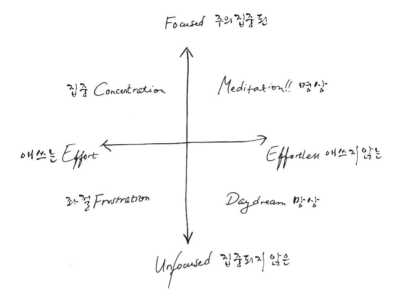

"세로축은 집중한 마음과 집중하지 못한 마음 사이의 스펙트럼을 나타냅니다. 집중한 마음은 하나의 생각을 정하고 거기에 머물러 있습니다. 하나의 생각에 집중하는 것입니다. 반대로 집중하지 못한 마음은 이 생각에서 저 생각으로 방황합니다. 수많은 생각을 하면서 주의가 여기저기로 왔다 갔다 하지요. 두 극단 사이에 중간 지점이 있습니다. 마음의 움직임은 대부분 그중간 지점에서 일어납니다.

여기 또 다른 양극이 있습니다. 애쓰는 것과 애쓰지 않는 것입니다. 이것이 가로축입니다. 애쓰지 않는 마음은 편안하고 여유롭습니다. 반대편에는 애쓰는 마음이 있는데 이 마음은 편안할 수 없습니다. 애쓰는 마음은 생각하고, 이해하고, 집중하는 데 어려움을 겪습니다.

이 두 스펙트럼의 여러 조합이 특정한 마음 상태를 만듭니다. 이를테면 몽상, 좌절, 집중, 명상 등이 있지요. 명상하는 마음을 한번 볼까요? 알다시피 명상에는 집중과 편안함이 섞여있습니다. 한 가지 생각에 몰입하되 힘들이지 않고 자연스럽게 몰입하는 것입니다."

"어떤 생각이라도 할 수 있나요?" 제가 물었습니다.

"네."

"그렇다면 이미 모두가 명상하고 있는 것입니다!"

"제 말이 그 말입니다." 다지가 웃으며 말했습니다.

"이미 하고 있는데 새로운 기술을 더 배울 필요는 없지요. 우리는 모두 명상하는 방법을 알고 있습니다. 우리는 매일 명상하고 있습니다. 예를 들어 한 사업가가 비즈니스 벤처에 관해 명상한다고 해봅시다. 그는 운전하면서도 명상합니다. 밤에 잠자리에 들 때도 명상합니다. 그 사업가를 사랑하는 누군가가 있겠지요. 그녀는 일상생활을 하면서 그를 명상합니다. 양치질할 때도 그를 명상합니다. 식료품점에 가면서도 내내 그를 명상합니다. 그러다가 가게에서 한 음악가와 마주칩니다. 음악가의 마음은 음악 생각으로 바쁘겠죠. 그도 명상을 합니다. 심지어 계획적 살인이라는 말이 있는데, 범인은 어떻게 하면 자신의 어두운 계획을 완벽하게 실행할지 명상합니다!"

"모든 사람이 이미 명상하고 있는데 명상이라는 게 그토록 심오한 이유는 무엇인가요?"

"명상으로 탐구하는 개념에 명상의 심오함이 있습니다. 그것은 바로 우리가 명상하는 대상입니다. 이 모든 차이를 만드는 것은 명상의 대상입니다. 심오한 대상은 우리가 심오한 의식 상태에 놓이게 합니다. 일상 대상은 우리가 일상 의식을 갖게 하지요. 일시적인 대상은 우리가 명상하는 마음 상태를 일시적으로 만들고요. 심오하고 변하지 않는 대상은 우리의 명상을 영원하게 만듭니다. 이렇듯 대상에 따라 다른 효과가 나타납니다."

"영원하면서도 심오한 명상 상태에 도달하려면 어떻게 해야 할까요?"

"심오한 대상에 온전히 집중해야 합니다. 그러려면 수행해야 하지요. 어머니가 없으면 아기도 없듯 명상 수행이 없으면 명상 상태도 없습니다."

"처음 시작하는 수행자들이 명상을 시도하려 할 때 종종 긴장하는 것을 많이 봤습니다. 그들은 생각을 통제하는 게 어려울 것이라고 여깁니다."

"많은 사람이 마음의 본성은 불안정하다고 말합니다. 그들은 마음은 원래 혼란스러운 상태라고 말하지요. 저는 여기에 동의하지 않습니다. 사실 저는 그런 생각을 바꾸고 싶어요."

"왜 그렇게 어렵다는 생각이 강하게 자리 잡고 있을까요?"

"기존의 많은 스승이 이러한 견해를 보였지요. 제 생각에 그런 견해는 오히려 명상을 방해합니다. 마음이 본질적으로 불안정하다고 믿으면 마음은 당신의 적이 되어버립니다. 적을 대할 때 어떻게 하시나요?"

"그들과 싸웁니다." 제가 대답했습니다.

"그래서 명상이 싸움이 되는 겁니다. 명상이 마음을 억누르는 훈련이 되어버리지요. 혹시 당신의 생각이나 감정이 좋은 영화를 즐기는 것을 방해한 적이 있습니까?"

"아니요."

"맛있는 식사를 즐기는 걸 방해한 적은요?"

"없었습니다."

"왜 그럴까요?"

"영화는 재미있기 때문이죠. 좋은 식사는 맛있고요. 그러면 다른 것은 신경 쓰지 않습니다."

"맞습니다." 다지가 말했습니다.

"무언가가 주의를 끌만큼 흥미로워서 당신이 거기에 머물러 있을 때는 다른 생각에 신경 쓰지 않습니다. 마음에 필요한 것은 마음이 몰입할 수 있는 무언가, 즉 정말로 몰입할 수 있는 무언가입니다. 그러면 마음이 얼마나 자연스럽게 안정되고 얼마나 쉽게 집중하는지 관찰할 수 있습니다.

그러나 우리의 마음 통제력은 크지 않은 것 같습니다. 어떤 대상은 마음을 끌어당기지만 또 어떤 대상은 그렇지 않습니다! 예를 들어 자녀가 하루 종일 공부에 몰두하면 부모는 행복감을 느낍니다. 아이가 긍정적인 활동을 하고 있어서입니다. 반면 자녀가 9시간째 비디오 게임을 하고 있음을 알면 걱정하기 시작합니다. 공부와 게임, 두 경우 모두 아이는 엄청난 집중력을 보입니다. 하지만 당신의 관심은 아이가 어디에 집중하고 있느냐에 있습니다. 자녀의 관심사가 어디에 있는지가 문제인 겁니다.

우리는 집중할 수 없어서 고통스러운 게 아닙니다. 우리는 우리의 관심사에 자연스럽게 집중합니다. 그런데 우리가 우리의 관심사를 선택할 수 있을까요? 물론 특정 대상은 다른 대상보다 더 매력적으로 다가오는 듯합니다. 그 이유는 우리의 의식 속에 있는 인상 때문이지만 그 주제는 다음에 살펴보겠습니다. 어쨌든 어떤 대상에 매료되면 거의 완전히 빠져듭니다. 온전히 집중하지요. 집중하는 데 노력이 필요한 경우는 그 대상에 관심이 없을 때입니다.

가령 마음에 와닿지 않는 주제와 관련된 책을 읽을 때는 어떻습니까? 문장을 읽을 때마다 마음이 방황하겠지요? 다 읽고 난 후에도 방금 읽은 내용이 무슨 말인지 전혀 이해하지 못했음을 깨닫습니다. 내용을 파악하려면 텍스트를 다시 훑어봐야 할 겁니다. 이럴 때 책을 끝내려면 정말 노력해서 집중해야 합니다!"

"억지로는 안 되지만 재미가 있으면 가능하죠." 제가 말했습니다.

"맞습니다. 프로젝트에 흥미가 있으면 반드시 성공할 것입니다. 관심이 없으면 어려울 거고요. 어떤 활동도 재미가 없으면 지루해집니다. 어떤 아이디어가 매력적으로 보이지 않으면 마음은 그 주제에 머무는 것을 싫어합니다. 차라리 다른 것에 집중하려 합니다."

"집중력concentrate과 주의집중focus은 같은 게 아니지요?" 제가 물었습니다.

"진정한 집중은 애쓰지 않는 것입니다. 그것은 자연스럽게 일어납니다. 저절로 이뤄지지 않을 때만 노력이 필요합니다. 그것이 바로 집중력concentrate, 즉 집중하려는 노력입니다.

우리는 명상을 한 가지를 지속해서 생각하는 것으로 정의합니다. 그러다 보니 많은 사람이 명상을 집중력이라고 착각합니다. 사실 명상은 집중하려 애쓰는 게 아닙니다. 집중력은 억지로 애써야 하는 반면 명상은 전혀 힘들이지 않고 여여하게 하는 것입니다.

집중하려면 마음을 단련해야 합니다. 생각하고 싶은 다른 모든 생각을 배제하고 하나의 생각에만 주의를 집중해야 합니다.

더 깊이 집중하려 애쓸수록 의식awareness은 더욱더 하나에 몰두합니다. 가장 절정에 이르면 의식 전체가 다른 모든 것을 배제한 채 한 지점에만 집중합니다.

이렇게 하려면 노력이 필요합니다! 생각의 흐름을 멈추는 것은 쉽지 않지요. 마음에는 자연스러운 움직임이 있으니까요. 마음이 특정 방향으로 가고 싶어 할 때 당신은 그것이 다른 곳으로 가도록 강제해야 합니다. 이는 마치 흐르는 강물을 돌리려고 하는 것과 같습니다. 설령 마음을 복종시키기 위한 씨름에서 성공해도 그 마음을 유지하는 건 또 다른 일입니다! 힘을 빼는 순간 단단히 감긴 스프링처럼 다시 튕겨 나오니까요. 그런 강도의 노력을 얼마나 오래 유지할 수 있겠습니까?"

"명상을 집중과 동일시하는 사람들도 명상은 편안해야 한다고 얘기합니다. 그들은 명상이 우리에게 평화를 주어야 한다고 말합니다." 제가 말했습니다.

"집중하려 애쓰기 위해 그렇게 많이 노력하는데 명상이 편안하거나 평화로울 수 있을까요?" 다지가 질문했습니다.

"그러니 집중은 그만 잊읍시다. 집중이 세상 문제에는 필요할지 모르겠지만 영적 영역의 문제는 집중으로 해결할 수 없습니다."

"그렇지만 우리는 명상을 집중하는 상태로 정의하지 않나요?" 저는 앞서 이야기한 문제를 다시 상기하게 했습니다.

"애쓰지 않는 주의집중effortless focus이지요." 다지가 정정했습니다.

"자연스러운 집중 상태에서는 마음이 온전히 하나의 생각에 주의를 모으게 됩니다. 이는 어떤 대상이 당신의 주의를 끌고 붙잡을 때 저절로 일어나는 현상입니다. 이렇게 주의를 집중하는 상태가 몰입absorptoion이라고 알려진 상태입니다. 이는 다른 말로 표현한 명상 상태의 마음입니다. 그런데 '끌림attraction'은 양날의 검입니다! 그것은 갈망desire을 의미하는 또 다른 말입니다."

"갈망이란 대체 무엇인가요?"

"갈망은 한 영혼이 깨달음으로 가는 여정에서 잘못된 길로 가고자 하는 충동입니다. 영혼은 본래의 근원the original Source과 하나가 되기를 갈망합니다. 그것이 진정한 욕망, 즉 큰 열망입니다! 그러나 어디를 봐야 하는지 알기 전까지 우리는 외부에서 충족감을 찾으려는 경향이 있습니다. 이야기를 하나 들려드리겠습니다.

어느 날 개미가 나뭇잎을 따라 기어가고 있는데 참새 한 마리가 그 옆에 내려앉았습니다. 개미는 한숨을 쉬며 하늘을 높이 날면 얼마나 멋진 광경을 볼 수 있을까 하고 생각했습니다.

'내게는 나뭇가지와 나뭇잎, 자갈밖에 보이지 않아. 저 위에서는 뭐가 보이는지 말해줘.'

'글쎄, 숲 전체가 한눈에 보이고 멀리 바다도 보여.' 참새가 말했습니다.

'바다가 뭐야?' 개미가 물었습니다.

'바다에는 물이 너무 많아서 끝이 없어.' 참새가 대답했습니다.

개미는 물이라고는 빗방울과 이슬방울밖에 본 적이 없었습니다. 나도 바다를 보고 싶다! 하고 생각한 개미는 참새에게 물었습니다.

'바다가 어느 방향에 있어?'

'응, 저쪽이야.' 참새가 날개로 가리키며 말했습니다.

'고마워.' 개미는 이렇게 말하고 그쪽으로 출발했습니다. 개미는 몇 시간이고 걸었습니다. 그러다 마침내 진흙 웅덩이를 만났지요. 웅덩이 반대편이 보이는지 살펴봤지만 개미가 볼 수 있는 건 물뿐이었습니다. 그때 개미가 말했습니다.

'드디어 바다에 도착했구나!'

이게 바로 우리가 처한 상황입니다."

다지가 미소를 지었습니다.

"우리는 덧없는 것을 영원한 것으로, 유한한 것을 무한한 것으로, 진흙 웅덩이를 무한한 바다로 착각합니다. 우리는 다양한 대상에게서 충만함을 추구합니다. 그러나 우리가 얻는 만족은 제한적이고 일시적입니다. 오히려 내면은 더욱 공허해지지요. 충만함을 주는 내면의 근원과 단절되어 있기 때문입니다. 이 연결 없이 더 깊은 욕구를 충족하고 싶다면 다른 길을 선택할 수 밖에 없습니다.

예를 들어 당신의 딸이 장거리 자동차 여행 중에 울고 있다고 해봅시다. 그때 아이스크림 가게 앞을 지나면서 당신은 '이 아이스크림이면 아이가 울음을 그치겠지'라고 생각합니다. 차를 세우고 아이스크림을 사주면 아이는 행복해하겠지요. 아이는 자연스럽게 아이스크림에 완전히 몰입합니다. 아이의 마음은 진정됩니다. 이제 아이는 명상 상태에 있는 겁니다. 그러나 아이스크림이 아이의 욕구 불만 문제를 해결해주어도 이는 일시적인 해결책에 불과합니다. 그 후에는 아이의 마음을 사로잡을 새로운 방법을 찾아야 합니다. 또한 당신은 아이 마음을 조절했습니다. 아이스크림을 불안 해결책으로 제공했어요. 이제 아이는 다음에 불안감을 느낄 때 아이스크림을 요구할 가능성이 더 커집니다. 아주 짧게 드라이브를 해도 다음 드라이브 때 아이스크림을 사달라고 하겠지요."

"그럼 더 이상 아이스크림을 사주면 안 되겠군요." 제가 말했습니다.

"아니, 그러면 아이가 저를 절대 용서하지 않을 겁니다!" 다지가 말했습니다. 사실 제 말은 저 자신을 가리킨 것이었습니다. 그는 계속 말을 이어갔습니다.

"명상 대상이 한정적이면 명상으로 얻을 수 있는 성취감도 제한적일 수밖에 없습니다. 명상 대상이 일시적일 때는 성취감도 일시적입니다. 이후에는 다시 불안해집니다. 당신이 정말로 몰입 상태를 즐긴다면 그걸 반복하고 싶겠지요.

그럼으로써 성취와 결핍의 순환을 만들어냅니다. 아이스크림을 좋아하면 마음이 아이스크림에 끌립니다. 위스키를 선호하면 마음이 위스키로 향합니다. 마음은 무엇이든 끌리는 것을 추구합니다. 그러면서 우리는 욕망과 충족 순환에 갇힙니다. 그 욕망을 채울 때까지 우리는 불안정하고 불안해합니다. 욕망을 채우고 나면 다시 불안정하고 불안해집니다. 마치 결핍과 덧없는 행복 사이에서 흔들리는 진자 같은 존재가 됩니다. 욕망이 클수록 성취하기가 더 어렵겠지요. 한 영역에서 성취감을 느껴도 다른 영역에서는 불만족스러운 상태에 놓입니다.

여기에다 원하는 것을 얻지 못할 때마다 우리는 이전보다 훨씬 더 불행해지고 충만감을 느끼지 못합니다. 이제 정신 안정이 이러한 욕구 충족 여부에 달려있어서 우리는 집착하게 됩니다. 당신은 '이 새 차는 꼭 가져야 해!'라고 말하고 이는 진실이기도 합니다. 정신 안정을 위해서라도 반드시 가져야 합니다. 당신은 그것이 없으면 불안해하거나 불행해지도록 자신을 훈련했습니다. 이것이 첫 번째 문제입니다. 두 번째 문제는 특정 욕구를 반복해서 충족함으로써 그 충족에 내성이 생긴다는 점입니다.

한번은 제가 고용한 약사 중 한 명이 특정 약물에 중독된 것을 발견했습니다. 그는 보통 사람이면 쓰러질 정도의 약물을 복용하고도 여전히 일하고 있었어요. 약물 효과에 내성이 생겼던 겁니다. 욕망을 반복해서 충족할 때 의존뿐 아니라 내성도 함께 증가합니다. 우리는 욕구 충족에 점점 더 의존하지만 만족감은 오히려 점차 줄어듭니다. 그 결과 우리는 더욱 불안해하고 불만족을 느낍니다.

마음이 진정 갈망하는 것은 영원함입니다. 마음은 한계에 만족하지 않습니다. 마음은 일시적 행복 상태에도 만족하지 않습니다. 마음은 모든 성취 위에 있는 궁극의 성취를 추구합니다. 그 하나를 성취했을 때 모든 욕구를 종식하는 욕망을 성취하려 하는 거지요. 요컨대 마음은 단순한 명상이 아니라 명상 속에서 무한함을 추구합니다. 그것이 진정한 명상이자 깊은 명상입니다. 결국 갈망은 잘못된 것이 아닙니다."

다지가 계속 말했습니다.

"그러나 진정한 욕망을 성취해야 합니다. 큰 욕망을 채우십시오. 큰 물고기가 작은 물고기를 삼키는 것처럼 큰 욕망은 작은 욕망을 잠식합니다. 그 완벽한 성취 속에서 우리는 완전한 평화를 얻습니다."

"욕망과 끌림을 말씀하시는 거로군요. 그렇지만 우리 마음이 이끌리는 생각과 감정은 대부분 즐거운 일이 아닙니다." 제가 말했습니다.

"맞습니다. '끌림'이 우리가 무언가를 좋아한다는 걸 의미하지는 않습니다. 전혀 그렇지 않아요. 오히려 그것은 우리가 원하든 원치 않든 마음이 그쪽으로 이끌린다는 것을 뜻합니다. 욕망의 반대편에는 두려움, 즉 혐오와 반감이 있습니다. 예를 들어 우리는 살기를 원하고 죽음은 두려워합니다. 이는 동전의 양면과도 같지요. 우리는 원하는 것에 집중하는 경향이 있는 만큼 원하지 않는 것도 고민합니다. 마음은 때로 긍정적인 것을 명상하고 또 때로는 부정적인 것에 몰두합니다.

부정적 측면에서 보면 마음은 불편한 생각이나 고통스러운 기억, 힘든 감정에 끌릴 수 있습니다. 심지어 그것이 육체적 고통일 수도 있습니다. 그 정신적 대상은 마치 소용돌이처럼 우리의 주의를 빨아들입니다.

사실 우리의 주의를 끄는 모든 대상은 소용돌이와 같습니다. 우리가 그것을 긍정적으로 느끼든 부정적으로 느끼든 상관없습니다. 우리는 그것에서 멀어지려 애쓸지도 모르지만 거센 물살을 거슬러 헤엄쳐야 합니다. 우리가 벗어나고 싶은 대상에 너무 집중하면 오히려 그 대상의 끌림이 더 강해집니다. 생각의 힘은 우리가 주의를 기울이는 만큼 커지지요.

가령 어떤 소년이 한 소녀를 열렬히 좋아한다고 가정해봅시다. 그는 모든 관심을 그녀에게로 집중합니다. 그는 그녀 생각을 멈출 수 없고 그녀를 생각하는 것만으로도 행복해합니다. 그런데 만약 그가 이미 결혼했다면 어떻겠습니까?"

"그건 심각한 문제지요." 제가 말했습니다.

"그 소녀를 생각하는 것은 소용돌이와 같습니다. 그는 그녀에게 끝없이 끌립니다. 물론 그는 자신이 그러한 방종을 허용할 수 없음을 알고 있습니다. 그래서 그는 크게 애를 써가며 자신의 끌림에 맞서 싸웁니다. 그의 마음은 그녀 생각에 머물고 싶어 합니다. 그렇게 잘못된 것에 정착하게 됩니다.

우리는 종종 자기 삶이나 다른 사람의 삶에 유용하지 않은 생각의 고리에 갇힙니다. 사실 이 생각의 고리는 우리 삶에서 파괴적인 힘을 낼 수 있어요. 따라서 우리는 마음을 조절해야 합니다. 우리는 명상으로 이를 달성하지요. 마음이 자연스럽게 유용한 대상, 즉 변화를 이끄는 대상에 끌리도록 연습해야 합니다. 이것이 바로 올바른 명상이 주는 혜택입니다. 명상이 마음을 조절하는 방식은 마음이 만족의 궁극적 근원으로 향하도록 하는 것입니다."

저는 "그래서 명상 대상이 매우 중요한 거로군요"라고 덧붙였습니다.

"네, 그 대상은 명상이 우리에게 미치는 영향을 결정합니다. 물을 마시든 위스키를 마시든 마시는 행동은 같습니다. 다만 대상이 달라서 그 효과도 다른 것이지요. 마찬가지로 어떤 대상을 명상하든 명상하는 행동은 같습니다. 다만 대상에 따라 다른 결과를 낼 뿐입니다. 제한적인 대상은 제한된 효과를 낳습니다. 그러면 무한한 대상은 어떤 효과를 낳을까요? 생각은 마음을 어지럽힐 뿐 가슴을 어지럽히지는 않습니다. 가슴은 직관적입니다. 마음에 있는 많은 한계가 가슴에는 없습니다."

"무한한 대상이란 무엇인가요?" 제가 물었습니다.

"근원입니다. 그것은 신성 그 자체, 즉 본래의 원천입니다. 마음으로 신성을 찾는다는 것은 신성을 외적으로 찾는 것입니다. 그러면 너무 머리로만 생각하는 까닭에 추상적입니다. 집중하려 애쓰면 오히려 집중할 대상을 찾을 수 없습니다. 우리가 그 것을 잡으려 할수록 그것은 우리를 피해 갑니다. 신성은 내면에서 찾아야 하는 무언가입니다. 그 상쾌한 바람이 처음 우리에게 와닿을 때 그것은 느낌으로 다가옵니다.

생각은 좁지만 느낌은 넓습니다. 느낌은 총체적입니다. 그것은 생각을 포함하면서 생각을 넘어섭니다. 또한 우리의 모든 능력을 포함하면서 그것을 넘어서기도 합니다. 느낌은 더 깊은 진리를 드러냅니다. 우리는 신성을 알 수 없지만 그 존재는 느낄수 있습니다.

간이나 발뒤꿈치에서 신성의 존재를 느낄 수 있습니까? 어깨나 팔꿈치에서 느낄 수 있나요? 가슴은 느낌의 기관으로 우리는 가슴과 함께 신성을 느낍니다. 결국 우리가 신성을 찾아야 하는 곳은 가슴이며, 이것이 우리가 가슴을 명상하는 이유입니다. 지식, 개념, 형식 영역에서의 여정은 여기에서 끝납니다."

"이 내면의 존재를 깨닫는 데 명상이 어떻게 도움을 줍니까? 우리가 그것과 하나가 되도록 명상이 어떻게 도와줄 수 있습니까?" 제가 물었습니다.

"이는 파탄잘리의 《요가수트라》에서 잘 설명하고 있습니다." 다지가 말했습니다.

현자 파탄잘리가 지은 것으로 알려진 《요가수트라》는 요가의 기본 원리를 설명하는 고대 가르침입니다. 많은 사람이 '요가'라는 용어를 일련의 육체 운동과 연관 짓지만 이는 요가의 한 부분일 뿐입니다. 요가는 명상적 접근 방식으로 그 목적은 개인과 우주의 근원을 하나로 묶는 데 있습니다. 요가의 이러한 측면은 파탄잘리가 아슈탕가 요가라고 통칭하는 여덟 가지 부분 또는 단계로 구성한 길을 제시하는 《요가수트라》의 주제입니다. 여덟 단계는 다음과 같습니다.

1. 야마Yama
2. 니야마Niyama
3. 아사나Asana
4. 프라나야마Pranayama
5. 프라티아하라Pratyahara
6. 다라나Dharana

7. 디야나 Dhyana

8. 사마디 Samadhi

다지는 "요가 경전의 여덟 단계는 모두 중요한데, 적절한 시기에 각 단계를 이야기하겠습니다"라고 했습니다.

"지금은 마지막 네 단계인 프라티아하라, 다라나, 디야나, 사마디에 집중해서 설명하겠습니다. 이 네 단계는 우리가 깊은 명상으로 들어가는 과정을 설명합니다. 비록 각 단계를 서로 구분하고 있지만 분리된 건 아닙니다. 오히려 서로 연결되어 있지요. 네 단계는 우리 존재의 깊은 곳으로 들어가는 여정, 그러니까 한 움직임의 네 가지 측면입니다.

그럼 다섯 번째 단계인 프라티아하라부터 시작하겠습니다. 프라티아하라는 '감각 회수 self-withdrawal'라는 뜻입니다. 이는 우리를 둘러싼 많은 산만함에서 벗어나 시선을 내면으로 돌리고 내면의 중심에 집중하는 것을 말합니다. 우리의 초점은 대개 외부에 맞춰져 있습니다. 그리고 인식은 보통 오감으로 인지할 수 있는 것에 한정되어 있습니다. 듣고, 보고, 만지고, 냄새 맡고, 맛보는 게 전부입니다. 그러한 외부 지향성이 잘못된 것은 아닙니다. 그것은 우리의 생존에 필수적이니까요. 우리 감각은 내비게이션 시스템과 같습니다. 이것은 음식, 주거지, 의복 등 삶의 기본 필수품을 확보하는 데 도움을 주지요.

그렇지만 우리는 삶의 물질적 측면에 지나치게 집중하는 경향이 있습니다. 우리는 물질적 풍요를 얻을 수 있고, 다른 사람에게 사랑과 존경을 받을 수도 있습니다. 그러나 그런 것이 우리를 가장 깊은 수준에서 충족해줄 수는 없습니다. 진정으로 마음을 만족시킬 수는 없지요. 아무리 많은 것을 성취하거나 얻어도 우리는 여전히 본질적인 무언가가 부족하다는 걸 알게 됩니다. 결국에는 아무리 물질적 욕망을 채워도 만족할 수 없음을 깨닫고 가슴은 전적으로 다른 무언가, 훨씬 더 깊은 무언가를 갈망합니다."

"이 이야기는 이미 하셨습니다. 영혼 완성을 향한 충동, 그 근원과 하나가 되려는 충동을 언급하셨지요." 제가 말했습니다.

"네. 그렇지만 그 개념은 너무 지적입니다. 우리 가슴과 공명하기에는 지나치게 추상적이지요. 하나됨을 향한 근본 충동은 우리 안에서 발견해야 합니다. 그렇게 하기 전까지는 방향을 잘못 잡고 물질 차원에서 계속 내면의 성취를 추구하고 맙니다. 우리의 추구는 여전히 외부에 머물러 있으며, 우리는 여전히 물건을 얻고 소비하는 데 몰두합니다.

우리는 끊임없이 자극에 노출되고 지속적인 자극에 쉽게 중독됩니다. 몇 초마다 스마트폰을 확인하는 사람들이 좋은 예입니다! 명상할 때 우리는 일시적이나마 그런 것에서 멀어집니다. 끊임없는 삶의 흐름에서 벗어나 잠깐 쉬는 것이지요. 삶의 유혹, 불안, 스트레스에서도 멀어집니다. 다시 말하면 우리는 우리 자신을 외부에서 찾는 것을 멈춥니다. 이것이 바로 프라티아하라입니다. 프라티아하라에서 우리는 내면으로 들어갑니다. 《바가바드 기타》에 유익한 비유가 나와요. '거북이가 사방에서 팔다리를 거둬들이는 것처럼 수행자가 대상에서 감각을 회수할 때, 그의 의식은 명료해진다.' 알다시피 우리는 내면의 중심을 잡아갑니다.

프라티아하라를 더 깊이 이해하고 싶으면 산스크리트 어원을 살펴보십시오. 프라티아하라는 프라티prati와 아하르ahar라는 두 개의 산스크리트 어근으로 만들었습니다. 프라티는 '반하다against', 아하르는 '취하다intake'라는 뜻입니다. 프라티아하라로 우리는 외부에서 무언가를 끊임없이 갈구하는 것을 멈춥니다. 내면으로 들어가 우리 존재의 중심에 정착함으로써 끊임없는 자극과 취함의 욕구를 물리칩니다. 우리는 지극히 만족스러운 나머지 그러한 욕구를 잊게 되지요."

"어떻게 하면 그런 상태에 놓일 수 있을까요?" 제가 물었습니다.

"내면에서 무언가가 우리를 끌어당겨야 합니다. 이것은 강제로 이뤄지지 않습니다. 강요로 달성할 수도 없습니다. 눈을 감고 명상해도 내면에서 아무것도 발견하지 못하는 경우가 종종 있습니다. 이는 마치 마음이 잠겨서 전혀 접근할 수 없는 것과 같습니다. 사람들은 몇 분간 애쓴 후 좌절하지요. 그들은 '아무것도 느껴지지 않아요!'라고 말합니다. 그런 뒤 포기합니다. 또는 인내하며 억지로 가슴에 집중합니다. 그것은 진정한 명상이 아닙니다. 단지 집중하려 애쓰는 것일 뿐 명상과 같은 것이 아닙니다."

"내면으로 들어갈 때 왜 아무것도 찾지 못하는 걸까요?"

다지는 "그 미묘한 수준에서 무언가를 인식할 수 있는 우리의 내면 감각이 발달하지 않았기 때문입니다"라고 말했습니다.

"이는 마치 시각장애인이 빨간색을 인지하려 하는 것과 같습니다. 신성은 이미 우리 안에 있지만 우리는 그것을 알아차리지 못합니다. 그것을 느끼지도 못합니다. 따라서 신성은 우리에게 아무런 작용도 하지 않습니다."

"어떻게 하면 그 한계를 넘어설 수 있을까요?"

"하트풀니스 접근법에서 우리 명상은 트랜스미션의 도움을 받습니다. 다른 모든 방법과 차이를 만드는 것이 바로 트랜스미션입니다. 트랜스미션 논의는 방대한 주제이므로 나중에 직접 체험하는 법을 포함해 더 깊이 탐구하도록 하겠습니다. 지금은 트랜스미션이 깊은 명상을 위한 촉매제라는 점만 이해하도록 합시다. 그것은 우리가 신성을 믿기만 하는 것이 아니라 경험하게 해줍니다. 트랜스미션은 우리에게 신성한 경험을 불어넣음으로써 믿음의 필요성을 넘어서게 도와줍니다. 무언가를 직접 경험하면 믿음은 더 이상 의미가 없지요. 결국 트랜스미션은 우리가 현실과 내면의 본질적 존재에 관해 깨어나게 해주는 수단입니다. 그 결과 명상은 즐겁고 생생한 일이 됩니다. 더 이상 명상은 무미건조한 연습이 아닙니다. 이제 더는 명상 시간을 생각 혹은 몸의 감각과 싸우면서 보내지 않습니다.

더 나아가 트랜스미션은 우리가 내면 존재에 스며들어 그 존재와 거의 같아지도록 해줍니다. 트랜스미션은 초대장을 들고 우리 곁으로 찾아오는 신성 그 자체입니다. 우리가 정원으로 향하도록 손짓하는 장미 향기처럼 신성의 향기가 우리를 끌어당깁니다. 정말 황홀하고 매혹적입니다! 그것은 우리 마음에 말을 걸고 우리를 더 깊이 내면으로 끌어들입니다. 더 깊은 수준의 명상으로 가는 길을 열어주지요. 이것은 아주 자연스럽게 일어나기 때문에 우리는 거의 애쓸 필요가 없습니다. 그래서 바부지(하트풀니스 계보의 두 번째 구루)께서는 이 하트풀니스의 길을 자연의 길, 즉 사하즈 마르그라고 불렀습니다. 이는 자연스럽고 강제적이지 않은 접근 방식입니다.

이제 내면으로 이끌린 우리는 파탄잘리의 아슈탕가 여덟 단계 중 여섯 번째 단계인 다라나에 도달합니다. 파탄잘리는 다라나를 '다른 것을 결박하는 것'이라고 설명합니다. 이것은 명상하는 동안 다른 것에 방해받지 않는다는 의미입니다. 당신은 여전히 외부에서 들려오는 자동차 소음을 들을 겁니다. 옆방에서 누군가가 큰 소리로 전화 통화를 하고 있어도 여전히 알아차립니다. 하지만 당신은 이러한 자극의 영향을 받지 않습니다. 그들은 당신을 방해하지 못합니다. 그러한 영향은 차단됩니다.

그런데 파탄잘리가 정의한 방식 때문에 사람들은 가끔 다라나를 강렬한 집중 상태로 오해합니다. 다라나의 어원을 살펴봅시다. 다라나는 '붙잡고 있는 것' 또는 '담고 있는 것'을 의미하는 산스크리트어 어근 다르dhar에서 유래했습니다. 다시 말해 엄마의 자궁에 안겨 보호받는 작은 태아처럼 우리도 안겨서 보호받고 있습니다. 어디서요? 바로 가슴이라는 자궁입니다. 우리가 가슴에서 완전하게 쉬고 있을 때 아주 특별하고 성스러운 일이 일어납니다. 자연에서 씨앗은 어머니 지구의 자궁에서 발아하는데, 그 이유는 그곳에서 편안함을 느끼기 때문입니다. 이 편안함 속에서 씨앗은 껍질을 쪼개고 보호막을 벗겨냅니다. 왜 그럴까요? 자신을 둘러싼 지구의 보호를 느껴서 그렇습니다. 마찬가지로 우리가 가슴속 자궁에서 같은 차원의 위안과 보호를 경험할 때, 신성한 씨앗이 열리기 시작하고 그 씨앗에서 새로운 영적 생명이 서서히 드러납니다. 이제 우리는 완전히 새로운 의식의 스펙트럼을 경험하기 시작합니다.

그 상황에서 우리는 깊은 안식을 경험합니다. 우리는 설명할 수 없는 편안함을 경험합니다. 우리가 그처럼 평안할 때 마음이 불안할 수 있을까요? 감정이 우리 안에 혼란을 일으킬 수 있을까요? 이제 모든 것이 안정을 찾고 우리는 행복해집니다.

70

사람들이 흔히 생각하는 것처럼 마음속에 명상 대상을 붙잡고 있을 필요는 없습니다. 그것은 매우 지루한 일입니다. 오히려 명상 대상이 우리를 붙잡아줍니다.

파탄잘리의 다음 단계는 디야나로 이것은 '마음을 한 대상에 집중하는 것'입니다. 그렇지만 마음이 안정적일 때는 마음을 유지하려 애쓸 필요가 없습니다. 이미 제자리에 있기 때문입니다. 그저 거기서 균형을 잡을 뿐입니다."

"그러니까 다라나와 디야나는 결국 하나의 같은 상태를 설명하는 것이군요."

"맞습니다. 산란하지 않은 마음과 안정적인 마음에는 차이가 없습니다. 둘은 똑같습니다.

그리고 평온한 마음을 나른한 마음으로 착각하지 맙시다. 오히려 이 상태에서는 우리의 자각이 활발해집니다. 의식은 내면의 신성한 현존에 깊이 빠져들고요. 우리는 그곳에 완전히 몰입합니다. 우리의 몰입 수준이 특정 임계치를 넘어설 때 우리는 그것을 '사마디'라고 부르는데, 이는 파탄잘리 수행의 여덟 번째이자 마지막 단계입니다.

사마디가 여덟 단계 중 마지막 단계라서 사람들은 흔히 사마디를 영적 여정의 최종 정점이라고 생각합니다. 하지만 사마디는 시작에 불과합니다. 그 너머에는 훨씬 더 많은 단계가 존재합니다. 사실 많은 사람이 심지어 명상을 시작한 첫날 조슈아 당신이 그랬던 것처럼 사마디를 맛봅니다. 당신도 알다시피 우리의 사마디 경험은 수련과 함께 깊어지고 변화합니다.

사마디는 깊은 명상입니다. 내면의 신성한 대상에 깊이 몰입하는 것이지요. 그러면서 우리는 내면의 신성한 존재와 하나가 되기 시작합니다. 결국엔 하나가 되지요. 그러나 온전한 하나됨은 한 번에 일어나지 않습니다. 그것은 점진적 변화입니다. 명상 수련을 지속하면 조금씩 더 합일union하는 것이 가능해집니다. 그리고 우리는 각각의 작은 하나됨 속에서 이전에 경험한 어떤 것과도 비교할 수 없는 완전함을 경험합니다. 우리 가슴은 평화와 충만함으로 채워지지요. 이럴 때 과연 무엇이 우리를 방해할 수 있을까요? 여전히 스트레스를 받거나 불안정함을 느끼는 것은 불가능하지 않을까요? 가슴이 평화로울 때 마음도 평안해집니다.

그런데 많은 사람이 명상을 단순히 정신적 휴지기, 즉 아무 생각도 없는 상태로 간주합니다. 내면의 고요함의 뿌리가 이러한 합일 상태에 있다는 사실을 이해하는 사람은 많지 않습니다. 고요한 상태의 원인을 알지 못한 채 단지 정신적 고요함 자체를 목표로 삼는 사람도 많습니다. 그들은 명상이 생각을 억누르는 연습이라 믿고 무념무상 상태를 유도하기 위해 다양한 인위적 수단을 만들어냅니다. 우리 몸에는 집중하면 무념무상 상태를 만들 수 있는 특정 부위가 존재합니다(그래서 어떤 사람은 코끝에 의식을 두고 명상하기도 합니다). 그러나 하나됨이 없는 무념무상은 무지의 상태, 즉 정신이 멍한 상태일 뿐 아무 도움도 주지 않습니다. 그것은 사마디가 아닙니다.

이제 단어 자체를 살펴볼까요? 사마디는 '동등함'과 '원형'을 의미하는 두 개의 산스크리트어 어근을 합친 단어입니다. 사마Sama는 '같음'을 의미하고, 아디aadi는 '본래'를 뜻합니다. 결국 우리는 사마디에서 우리가 존재하기 이전에 보편적으로 존재하던 원래 상태와 동등한 단계로 들어갑니다. 당시에는 아직 우리가 생겨난 근원 외에는 아무것도 존재하지 않았습니다. 그 상태에서는 완벽한 평온과 완벽한 균형이 있었습니다.

사실 사마는 방금 설명한 것처럼 같음뿐 아니라 '균형'을 의미하기도 합니다. 그래서 사마디를 '원초적 균형'이라고 번역할 수도 있습니다."

"그러니까 사마디는 균형을 이루던 우리의 본래 상태와 같은 상태라는 거군요." 제가 말했습니다.

"맞습니다. 그런데 사마디라는 단어를 조합하는 세 번째 방법도 있습니다. 균형을 뜻하는 사마와 '정신적 혼란'을 뜻하는 아디aadhi를 합치는 것이지요. 이 조합에 따르면 사마디는 '정신적 혼란의 균형'을 의미합니다. 이것은 매우 흥미로운 설명입니다! 사마디에서는 흐트러진 마음이 원래의 균형 잡힌 본성으로 되돌아갑니다. 균형은 우리 마음에 내재해 있지요. 혼란은 인위적인 겁니다. 나중에 생긴 것이지요. 그것은 우리가 만들어낸 무언가입니다."

"우리는 그걸 계속 만들어내고 있고요." 제가 말했습니다.

"그렇지요. 혼란은 우리의 노력에 따라 달라지지만 균형은 다른 것에 전혀 의존하지 않습니다. 가만히 내버려두면 저절로 균형이 잡힙니다. 연못은 무언가가 연못에 던져질 때만 잔물결이 일어납니다. 그 자체로는 고요합니다."

"그럼 우리가 균형을 만들어낼 수는 없겠군요." 제가 말했습니다.

"그래서 사마디도 만들어낼 수 없습니다. 명상을 하면 사마디는 저절로 따라옵니다. 다른 모든 것이 안정을 찾은 뒤 남는 것이 사마디입니다. 이것이 명상입니다. 무한한 대상에 애쓰지 않고 자연스럽게 집중하는 것!

대상이 한정적일 때는 의식의 자각도 제한을 받습니다. 일례로 많은 사람이 만트라를 외웁니다. 그러나 한 단어를 반복해서 암송하는 것은 마음을 구속할 뿐입니다. 그들은 반복하는 단어의 좁은 경계에 의식을 국한합니다. 한정적인 생각에 집중하면 의식은 하나의 점에 집중합니다. 그렇게 한 가지에 집중할 경우, 그 한 가지를 제외한 모든 것을 놓치고 맙니다. 마치 눈가리개를 쓴 말처럼 눈앞에 있는 물체만 보고 다른 것은 못 보는 것과 같다고나 할까요. 의식의 자각에도 한계가 따릅니다."

"대상이 무한하면 어떻게 되나요?" 제가 물었습니다.

"제한적인 대상에 집중하던 의식이 존재의 무한한 총체를 포괄합니다. 그 의식은 모든 것을 포함합니다. 벗어날 수 있는 건 아무것도 없습니다. 그렇다면 이것은 당신이 세상 모든 사람, 모든 개와 소, 우주의 모든 입자를 동시에 인식하고 있음을 의미할까요? 아니지요! 명상으로 자각하는 의식은 다양한 형태의 다양성 인식이 아닙니다. 오히려 그것은 하나됨의 의식입니다. 그것은 전체, 총체성에 관한 자각입니다. 전체에 어떤 성질이 있다면 그것은 존재입니다. 그것은 순수한 현존, 순수한 실재입니다."

"우리도 그 일부이고요." 제가 말했습니다.

"그렇습니다. 당신은 그것과 분리될 수 없습니다. 산꼭대기에 서서 무한함을 내려다보는 것과는 다릅니다! 오히려 당신이 그 무한함이 되는 것입니다. 지금의 상황은 '그대는 바로 그대다' 라는 옛《베다》의 선언, '타트밤 아시Tat Tvam Asi'를 떠올리게 합니다. 그리고 그것은 진실입니다! 당신이 바로 그것입니다. 하지만 당신은 이를 깨닫지 못할 겁니다."

"왜 그렇습니까?" 제가 물었습니다.

"왜냐하면 당신은 무한함 속에서 사라졌기 때문입니다. 당신은 더 이상 거기에 없습니다. 당신이 더는 거기에 없다면 누가 이 진실을 인식할까요? 이제 아는 자는 앎에 녹아듭니다. 물방울이 바다에 합쳐지는 것과 같습니다.”

다지가 잠시 말을 멈추었습니다.

“그러나 그것은 끝이 아닙니다. 아니, 그것은 시작일 뿐입니다.”

태도 Attitude

어느 날 오후 저는 다지와 단둘이 명상을 했습니다. 명상을 마친 뒤 다지는 “명상이 전부는 아니에요”라고 말했습니다.

“무슨 말씀인가요?” 제가 물었습니다.

“영적 수행은 중요합니다. 수행 없는 변형transformation은 한 낱 꿈일 뿐입니다. 그러나 가장 효과적인 방법으로 훈련한다 해도 영적 여정의 5% 정도만 우리를 데려갈 수 있습니다.”

“그러면 나머지 95%는요?” 제가 물었습니다.

“태도입니다. ‘무엇을 하느냐’도 중요하지만 이는 ‘어떤 태도로 하느냐’만큼 중요하지 않습니다. 이것은 명상에만 적용되는 것이 아니지요. 어떤 활동이든 그것을 정의하는 건 우리의 태도이고, 그것의 성공을 결정하는 것도 우리의 태도입니다. 부정적인 기분으로 명상하면 오히려 역효과가 납니다. 부정적인 마음이 명상 대상이 되기 때문이지요. 눈을 감고 있어서 마치 명상하는 것처럼 보이지만 실제로는 부정적인 생각과 감정에 빠져있는 것뿐입니다. 당신의 주의는 부정적인 것으로 더 갑니다. 기분이 좋지 않을 때 명상하면 어떻게 되겠습니까?"

"더 나빠질 뿐입니다." 제가 대답했습니다.

"명상의 목적은 가장 명료한 의식 상태로 들어가는 데 있습니다. 무거움, 불화, 고통을 함께 가져갈 때 그게 가능할까요? 우리는 그것을 모두 내려놓아야 합니다. 그런 것은 우리를 납처럼 무겁게 짓누르지만 정화행법으로 쉽게 제거할 수 있습니다.

우리를 교묘하게 방해하는 다른 태도도 있습니다. 기대감도 그중 하나지요. 많은 사람이 특정 결과를 기대하며 명상을 시도합니다. 어느 날 명상에서 경이로운 경험을 했다고 가정해봅시다. 다시 명상하면 그 경험을 재현하고 싶을 것입니다. 그렇게 함으로써 명상에 조건을 붙입니다. '오늘은 반드시 평화로움을 느껴야지!' 더 나은 무언가가 당신을 기다리고 있을지도 모르는데 당신은 평화만 원합니다. 그래서 놓치고 맙니다.

이것은 최고의 경험까지도 어떻게 함정이 될 수 있는지 보여줍니다. 우리는 경험에 얽매이는 경향이 있어요. 그러기보다 항상 더 멀리 나아가기 위해 기꺼이 넘어서려는 자세를 지녀야 합니다. 마침내 행복을 찾는 높은 단계에서도 계속 움직여야 합니다. 그렇지 않으면 그 행복 상태에 머물고 싶은 욕망이 발목을 잡습니다. 매우 좋아서 몇 번이고 계속하고 싶어 하게 되지요. 당신은 그 상태를 초월하고 싶어 하지 않아요. 그러나 어떤 경험을 하더라도 그 너머에는 항상 새로운 무언가가 있다는 사실을 잊지 마십시오.

또한 우리는 다음 단계로 나아가는 것을 두려워하는 반대의 극단도 피해야 합니다. 계속 나아가고자 서두를 필요는 없습니다. 이런 태도 역시 우리의 발목을 잡습니다."

"경험에 집착하는 것과 서두는 것 사이에는 미세한 경계가 있는 것 같습니다." 제가 말했습니다.

"아닙니다, 전혀 그렇지 않습니다. 이건 간단한 문제입니다. 그냥 완전히 열린 마음으로 그 과정이 자연스럽게 펼쳐지도록 내버려두면 됩니다. 어떠한 조건도 붙이지 않고요. 아무것도 고집하지 말고 아무것도 요구하지 마세요. 명상은 아무런 기대도 하지 않을 때 가장 잘됩니다. 심지어 명상 체험 그 자체를 위해서도 그렇습니다! 무엇이 일어나더라도 괜찮습니다. 설사 아무 경험이 없어도 마찬가지입니다.

사실 명상은 기다림의 한 형태입니다. 그렇지만 마치 버스를 기다리며 앞뒤로 서성이는 것처럼 조급하게 기다리는 것이 아닙니다. 편안한 기다림입니다. 마음은 느긋하고 당신은 편안합니다. 조급함은 아무런 도움도 주지 않습니다. 모든 일은 일어나야 할 때가 되면 일어나게 마련입니다. 일례로 나비가 완전히 성숙하기 전에 나비의 고치를 잘라낼 수는 없지요. 그러면 나비는 죽고 마니까요. 영적 상태도 때가 되기 전에 꽃을 피우길 기대할 수 없습니다. 때가 올 것입니다!"

"가끔은 불쾌한 경험을 하기도 합니다. 그럴 땐 어떻게 해야 하나요?" 제가 물었습니다.

"명상 중에는 많은 일이 일어납니다. 각각의 경험에는 그 나름대로 목적이 있으니 모든 경험은 궁극적으로 좋은 것입니다. 그 목적이 무엇인지 우리가 이해하지 못해도 마찬가지입니다. 우리가 그것을 이해할 필요는 없습니다. 계속 나아가는 데 우리의 이해가 필요한 것은 아닙니다. 그저 가볍게 경험을 받아들이고 계속 나아가면 됩니다. 우리는 대부분 영적 여정의 정교함을 이해하지 못합니다. 목적지는 어렴풋이나마 알더라도 그 과정에 어떤 단계가 있는지는 모두 알 수 없습니다. 단계는 무수히 많습니다! 때로는 길이 거꾸로 돌아가는 것처럼 보이고 또 때로는 길이 없는 것처럼 여겨집니다. 사실 우리는 의식의 여정에서 계속 앞으로 나아가고 있습니다. 그래서 경험은 기만적일 수도 있습니다. 예를 들어 이전에 사마디를 이야기한 적이 있을 겁니다."

"깊은 명상 말씀이지요." 제가 말했습니다.

"네. 그렇지만 모든 명상이 사마디에서 끝나는 것은 아닙니다. 어떤 날은 아무 깊이가 없기도 합니다. 어떤 날은 명상 경험이 너무 평범해서 마음에 들지 않을 수도 있습니다. 그러면 우리는 뭔가가 잘못되었나 싶어 걱정하지요. 이는 우리가 그 길에 익숙하지 않다는 것을 보여줍니다. 명상이 불편할 때는 대개 그럴 만한 이유가 있습니다. 우리는 때로 불편한 시기를 겪습니다. 그 가장 큰 이유는 우리가 여정에서 비약적인 발전, 즉 큰 발걸음을 내디뎠기 때문입니다. 내면에서 뭔가 변화가 일어났고 이제 우리는 새로운 상태에 익숙해져야 합니다."

"무슨 말씀이신가요?" 제가 물었습니다.

"새 아파트로 이사한 것과 비슷합니다. 당신이 방에 들어가 왼쪽에서 전등 스위치를 더듬어 찾는데 지금 그것이 오른쪽에 있는 상황이지요. 새로운 환경에 익숙해지는 데는 시간이 걸립니다. 제일 좋은 건 명상 경험과 그 명상이 우리 안에서 만들어내는 존재의 상태를 판단하지 않는 것입니다. 대신 기차를 탄 승객처럼 지나가는 풍경을 그저 관찰하십시오.

이 여정에서는 창밖으로 많은 장면이 지나갑니다. 지금껏 우리는 우리 경험이 내면 상태를 어떻게 반영하는지, 분노와 자존심이 어떻게 나쁜 경험을 불러오는지, 친절과 겸손이 어떻게 행복한 경험을 가져오는지 이야기했습니다. 그런데 모두에게 존재하는 훨씬 더 깊은 본성, 즉 신성한 본성이 있습니다. 그것은 바로 우리의 잠재적 본성입니다. 이는 변하지 않는 본성이기도 합니다. 우리가 발전해가면서 우리의 외적 본성은 변하지 않는 내면 본성에 맞춰 천천히 진화합니다. 변하지 않는 본성의 상태와 같아질 때까지 우리는 끊임없이 변화를 겪습니다. 그렇게 근본 상태에 도달하기까지 수많은 존재의 상태를 거쳐야 합니다. 그 과정에서 우리는 내면의 변화를 반영하는 경험을 합니다. 변화에는 안정성이 없어서 그 변화는 격동적일 수 있습니다. 그 변화가 긍정적이고 우리 성품에 전반으로 균형을 반영한다고 해도 익숙해지는 데는 시간이 좀 걸립니다. 변화 없는 상태에 도달할 때까지 불안은 어느 정도 우리 안에 계속 남아있을 것입니다.

그 과정의 어딘가 혹은 모든 경험의 한가운데서 우리는 이 모든 경험의 근원, 즉 변화의 내적 원인과 마주합니다. 이는 매우 중요한 순간입니다. 당신의 가슴은 감사로 녹아내립니다. 당신은 엄청난 감동을 받습니다. 그리고 내면의 존재Being와 사랑에 빠집니다.

이제 초점이 달라집니다. 더 이상 경험에 신경 쓰지 않습니다. 더 이상 평화나 행복, 지나가는 조건에도 신경 쓰지 않습니다. 평화를 주는 존재를 소유할 수 있는데 왜 평화를 원하겠습니까? 당신도 더 이상 변화에 신경 쓰지 않습니다. 이제 명상은 순수하고 단순한 사랑의 행동이 됩니다. 명상은 무엇을 얻거나 뭔가를 경험하는 게 아니라 오직 사랑에 관한 것입니다.

이건 억지로 일어나는 게 아닙니다. 저절로 자연스럽게 발생합니다. 그런 일이 일어났다는 사실조차 알아차리지 못할 때도 많습니다! 어느 순간 자신도 모르게 사랑에 빠집니다. 마치 자신도 모르게 몇 년 동안 친구와 사랑에 빠졌음을 깨닫는 소녀와 같습니다.

그리고 사랑이 있을 때마다 그리움, 즉 함께하고픈 갈망도 같이 존재합니다. 그 갈망에는 미묘한 아픔이 있습니다. 이것은 이별의 아픔입니다. 사랑하는 사람과 떨어져 있는 연인의 고통이기도 합니다. 이 갈망은 깊어질 수 있습니다. 이것이 박티 *Bhakti*의 첫 번째 단계입니다."

"박티가 무엇인지 설명해주십시오." 제가 말했습니다.

"박티에는 여러 측면이 있습니다. 가장 중요한 것은 헌신의 자질로, 이것은 가장 높은 이상에 사랑으로 헌신하는 것을 말합니다. 당신은 신성과 사랑에 빠져있습니다. 이것은 신성을 경험하지 않으면 일어날 수 없습니다. 그런데 그 경험은 더 완전하고 영속적인 경험을 향한 갈망을 불러일으킵니다. 그것은 당신에게 물리적 현실 너머에 경이로운 무언가가 있음을 알려줍니다. 하지만 그런 경험을 하고 나서 다시 일상으로 돌아가는 자신을 발견합니다. 그 경험은 지나갔고 더 이상 신성한 존재를 그토록 분명하고 확실하게 느끼지 못합니다. 그것은 단지 순간이었고 이제 당신은 그것을 진정으로 갈망하기 시작합니다. 그 결과 당신은 다시 영적 수행에 전념합니다. 당신은 그것에 헌신합니다. 그렇게 새로운 목적의식이 당신을 이끌기 시작합니다."

"지금 묘사하신 갈망의 고통은 앞서 말씀한 기대하지 않는 열린 태도와 상반되는 듯합니다. 갈망하는 것과 기대하지 않는 것은 서로 모순된 방식처럼 보이는데요." 제가 말했습니다.

"가장 아름다운 모순입니다." 다지가 말했습니다.

"어떻게 그럴 수 있지요? 어떻게 그 둘이 조화를 이룰 수 있나요?"

"한 가지 예를 들겠습니다. 어떤 지역에서는 남자아이가 여자아이와 결혼하고 싶어 하면 소년의 가족이 소녀에게 구애합니다. 만약 여자의 가족이 거부하면 남자의 가족은 여자를 납치할 수도 있습니다. 이것을 꽃과 반지를 들고 한쪽 무릎을 꿇는 소년과 비교해보십시오. 그는 '내 사랑, 나와 결혼해줄래요?'라고 구애합니다. 진심으로 그녀와 결혼하고 싶어 하지만 선택은 그녀의 몫으로 남겨두는 겁니다. 그는 사랑을 강요하지 않습니다. 사랑하는 대상에게 순복하는 것이지요.

갈망은 괜찮지만 강압적이어서는 안 됩니다. 존중해야 합니다. 심지어 경건해야 합니다. 그리고 수용해야 합니다. 사랑은 절대 강요하지 않습니다.

갈망하는 마음이 없으면 우리는 요구하지 않습니다. 관심조차 없는 것을 요구할 수 있을까요? 온 마음을 다해 무언가를 갈망할 때 비로소 바라지 않는 마음이 고귀해지는 것입니다. 이것이 바로 박티의 두 번째 단계입니다. 첫 번째 단계에서는 사랑과 갈망이 있었습니다. 두 번째 단계에서는 여전히 사랑과 그리움이 있지만, 그것이 무엇이든 자신의 상황을 우아하게 받아들입니다.

수용은 유쾌한 일입니다. 마지못해 받아들이는 것은 수용이 아닙니다. 불평하거나 받아들이거나 둘 중 하나입니다! 둘 다 일 수는 없습니다. 수용은 마음에서 우러나오는 것입니다. 마음 속에서 거부하는 상황을 억지로 받아들일 수는 없습니다. 진정한 수용에는 기쁨이 있습니다. 사랑하는 여성이 거절해도 당신은 여전히 행복합니다. 사랑은 대가로 무언가를 받기 위해 존재하지 않습니다. 그것은 신성 모독일 것입니다. 오히려 사랑은 그 자체를 위해 존재합니다. 당신은 사랑을 위해 사랑합니다. 바로 그것이 무조건적 사랑이며 이 사랑만이 유일한 사랑입니다. 사랑은 아무것도 요구하지 않습니다. 사랑에는 기대할 여지가 없고 감사할 뿐입니다. 그렇기에 사랑은 인간 고귀함의 정점입니다.

사랑이 우리 행동을 뒷받침할 때 우리는 절대 후회하지 않습니다. 우리는 절대 부담스러워하지 않습니다. 우리는 삶을 결코 귀찮고 수고로운 것으로 느끼지 않습니다. 명상을 하면 특히 그렇습니다. 우리 가슴이 그것을 요구해야 합니다. 명상 수행이 규율이나 의지 문제가 되면 절대 안 됩니다. 어느 날 명상을 하고 싶지 않아도 괜찮습니다. 이건 자연스러운 현상입니다. 그런 때는 하지 않는 것이 좋습니다. 아내에게 '여보, 나는 당신

옆에 앉기 위해 내 모든 의지를 다하고 있어'라고 말한다고 가정해보십시오. 결혼 생활이 끝나지 않겠습니까! 사랑하는 사람을 의무감으로 만나는 연인은 없습니다. 여자친구를 만나기 위해 학교 수업을 빼먹던 시절을 떠올려보십시오. 그녀가 '11시에 영화관에서 만나자'라고 했다면 당신은 아마 10시 30분까지 그곳에 도착할 겁니다. 어떤 사람은 명상을 하나의 규율로 여깁니다. 아침 명상을 위해 침대에서 나올 때 그들은 의지를 사용합니다. 의지는 쓸모없습니다. 의지가 필요하다는 건 당신이 거기에 관심이 없다는 걸 의미합니다. 정말로 명상하기를 기대하면 자동으로 일어납니다. 알람을 설정할 필요도 없습니다. 알람을 설정해도 알람이 울리기 전에 일어납니다. 잠자는 동안 밤새 즐거운 기대감이 잠재의식 속에 흐르고 아침이 되면 가슴은 이미 춤을 추고 있습니다. 그래서 앉기도 전에 명상에 빠져듭니다.

물론 처음부터 이런 태도를 기대할 수는 없습니다! 그렇게 발전하는 데는 시간이 좀 걸립니다. 사실 이것을 자각하려면 시간이 필요합니다. 박티는 타고난 것이지만 처음에는 무의식적입니다. 그러다 어느 순간 우리의 의식적 자각으로 드러나고 정서와 감정이 됩니다. 하지만 영원히 그 상태에 머물 수는 없습니다. 이는 마치 고래가 잠시 수면 위로 떠오르는 것과 같습니다. 고래는 숨을 고르고 다시 파도 아래로 잠수합니다."

"왜 의식적 감정으로 남아있지 않을까요?" 제가 물었습니다.

"사랑이라는 관계는 연인과 사랑하는 사람 둘로 이뤄집니다. 그러나 둘이 있으면 분리도 있는 법입니다. 그들은 서로 구별된 별개의 실체입니다. 이는 '박티'라는 용어에 내재하고 있습니다. 박티는 산스크리트어 어근 바즈Bhaj에서 유래했지요. 바즈에는 다양한 의미가 있는데 중요한 의미 중 하나는 '분리하다'입니다. 분리가 없으면, 연인과 사랑하는 사람의 구분이 없으면, 관계는 존재할 수 없습니다. 연인과 사랑하는 사람을 구분하지 않을 경우, 사랑은 이뤄지지 않는 약속으로 남고 맙니다. 또 합일도 없고 하나됨도 없습니다.

어떤 사람은 그런 그리움의 상태를 즐깁니다. 그 그리움에는 감정이 깃들어 있어요. 어쩌면 그들은 영원히 그곳에 머물고 싶어 할지도 모릅니다. 그렇지만 우리는 거기에 머물러서는 안 됩니다. 그리움이 하나됨으로 이어지지 않으면 그리움은 아무 소용이 없습니다. 그리고 합일에서 더 이상 둘이 없기에 관계도 있을 수 없습니다. 연인과 사랑하는 사람이 하나가 되는 것, 그것이 바로 사랑의 완성입니다."

"관계라는 말은 하나가 아니라는 의미이고, 하나가 되면 관계라는 게 없어지는군요." 제가 말했습니다.

"이건 정말 역설적입니다." 다지가 웃으며 말했습니다.

"연인과 사랑하는 사람이 하나가 되면 개개인의 정체성을 잃습니다. 더 이상 그들 사이는 구별되지 않습니다. 자, 사랑하는 사람이 없으면 누가 사랑하는 걸까요? 말해보십시오. 또 사랑받는 사람이 없으면 누가 사랑받는 걸까요?

사랑은 우리가 도달할 수 있는 어떤 것이 아닙니다. 우리는 사랑에 점점 더 가까워지다가 사랑에 이르기 전에 이미 사랑을 초월합니다. 결코 사랑을 통과하지는 않습니다! 사랑에 점차 가까워지다가 더 이상 가까워질 수 없을 때 이미 모든 것을 초월합니다. 이는 신비한 일입니다!

그곳이 우리가 이 여정에서 도달하는 목적지입니다. 우리는 그것을 합일이라고 부르지만 실제로는 합일 그 너머에 있습니다."

"어떻게 합일 너머에 있지요?" 제가 물었습니다.

"합일에는 둘이 하나가 되었다는 미묘한 느낌이 포함되어 있기 때문입니다. 하지만 둘이라는 느낌이 있다면 어떻게 하나가 될 수 있을까요? 진정한 합일, 즉 둘이 진정 하나가 된 상태에서는 둘이라는 생각이나 느낌이 없습니다. 그래서 우리는 사랑하는 사람과 하나가 되었다는 사실을 결코 인지하지 못합니다. 우리는 우리 자신과 사랑하는 사람도 잊습니다. 이 상태가 합일을 넘어선 것입니다. '요가'도 합일을 의미하므로 요가 너머에 있는 것이기도 합니다."

"그렇지만 요가는 우리를 그곳으로 인도하는 길이기도 합니다." 제가 말했습니다.

"네. 그리고 요가는 단 하나의 길이 아닙니다. 여기에는 수많은 학파와 철학이 담겨있습니다. 엄청나게 다양한 시스템입니다. 그중 세 가지 길은 특히 잘 알려져 있습니다. 카르마karma 요가, 기얀gyan 요가, 박티 요가가 그것입니다. 흔히 이들을 서로 다른 요가의 길을 대표하는 것으로 생각하지만 서로 별개의 것이 아닙니다. 사실 이 세 가지 요가는 하나의 요가를 이루는 세 가지 측면입니다. 그 하나의 길을 라자raja 요가라고 합니다. 라자는 '왕'이라는 뜻으로 라자 요가는 '요가의 왕'을 의미합니다. 라자 요가는 다른 세 가지를 모두 통합합니다.

우리는 박티의 의미를 탐구했습니다. 이제 카르마와 기얀 요가를 간단히 살펴보겠습니다. 카르마는 '행동'을 의미합니다. 아주 광범위한 용어지요. 문자 그대로 말하면 우리가 하는 모든 행동을 업karma이라 부를 수 있습니다. 신발 끈을 묶는 것도 업입니다. 샌드위치를 먹는 것도 업입니다. 하지만 그런 것은 카르마 요가가 아닙니다. 카르마 요가는 행동의 요가입니다. 바로 요가의 목표를 달성하기 위해 우리가 취하는 행동입니다.

옛 속담에 '잠자는 사자의 입에 뛰어드는 동물은 없다'라는 말이 있습니다. 무언가를 이루려면 행동해야 합니다. 우리는 뭔가를 해야 합니다. 왜 무언가를 해야 할까요? 전통 카르마 요가의 길은 니슈캄 카르마nishkam karma라고 불리는 욕망 없는 행동 자질을 기르는 데 초점을 맞춰왔습니다. 니슈캄 카르마에서는 결과를 생각하지 않고 행동해야 합니다. 그런데 결과를 염두에 두지 않는다면 왜 행동할까요? 행동은 특정 목표를 염두에 두고 있을 때만 일어납니다. 요가에는 잘 정의한 목표가 있으며 그 목표에는 행동이 필요합니다. 단순히 원한다고 해서 행동이 일어나는 것은 아닙니다. 그 목표를 달성하기 위해 우리가 수행하는 모든 행동은 카르마 요가입니다. 따라서 명상은 카르마 요가라고 할 수 있습니다.

이제 기얀 요가를 살펴보겠습니다. 기얀은 '지식'을 의미하므로 기얀 요가는 지식의 길입니다. 그럼 단순히 책을 읽거나 철학을 하는 것으로 충분할까요? 철저한 지적 과정만으로는 충분치 않습니다. 그것만으로는 궁극적 실재를 인지할 수 없습니다. 오직 명상만이 이를 달성할 수 있습니다.

명상 수행을 하면 마음은 여과되지 않는 매개체unfiltered medium가 되어 걸러지고 오직 진리만 통과합니다. 그러면 우리의 생각은 더 이상 우리를 잘못 인도하지 않고 대신 올바른 결론에 도달하게 합니다. 그런 의미에서 명상은 기얀 요가이기도 합니다.

명상으로 우리는 우리보다 앞서 그 길을 걸어온 다른 사람들의 지혜를 더 잘 이해할 수 있습니다. 명상하지 않으면 그러한 지식은 머릿속을 스쳐 지나가고 맙니다. 지식이 우리의 경험과 공명하지 않아 감응하지 못하는 것이지요. 초보 명상가는 종종 영적인 책을 읽어도 내용을 대부분 이해하지 못할 수 있습니다.

그렇지만 한동안 명상을 한 후 다시 읽으면 처음 읽을 때 몰랐던 주옥같은 내용을 발견하곤 합니다. 바부지의 책 같은 특정한 책은 너무 깊이가 있어서 몇 번을 읽어도 항상 새로운 것을 발견합니다. 그의 글은 40년이 지난 지금도 여전히 제게 새로운 것을 보여줍니다."

"말씀하신 것을 들어보니 명상은 두 가지 접근 방식을 모두 용이하게 해주는 것 같군요. 기얀과 카르마 모두를 말입니다." 제가 말했습니다.

"그것이 두 접근법의 정수입니다. 기얀과 카르마는 명상으로 결실을 얻습니다. 박티도 마찬가지고요. 그래서 핵심 열쇠는 명상입니다. 카르마, 박티, 기얀이라는 세 주제는 보편적입니다. 모든 영성 활동에는 이들 주제 중 적어도 한두 가지가 존재합니다. 산스크리트어 이름으로 불리지 않을 수도 있지만 이러한 주제는 있습니다. 거의 모든 종교에서 기얀과 박티의 조합을 발견할 수 있지요. 예를 들어 거의 모든 종교가 경전적 요소를 포함하고 있습니다. 이것이 바로 기얀, 즉 지식입니다. 또한 종교에는 박티라는 신앙 요소가 존재합니다. 그러나 모든 종교가 경전의 진리를 직접 체험하고 예배 대상을 상상이 아닌 실제로 경험할 수 있는 수행을 제공하는 것은 아닙니다. 다시 말해 기얀과 박티가 존재하더라도 카르마 요가의 기능적 요소가 항상 있는 것은 아닙니다. 물론 모든 종교에는 고유한 의례가 있으며 이런 의례는 넓은 의미에서 행동, 즉 카르마를 나타냅니다. 그러한 의례는 결국 신께 더 가까이 다가가기 위해 구도자들이 취하는 행동이니까요. 그러나 신을 자각하려면 먼저 의식이 신성한 차원으로 진화해야 합니다. 이를 가능하게 하는 올바른 명상 수행이 없으면 신은 우리에게 추상적 존재로만 남아있을 것입니다.

따라서 우리는 수행으로 지식(기얀)을 얻고, 수행으로 박티를 키웁니다. 궁극의 근원과 실제로 만나보지 않았다면 어떤 종류의 박티가 있을 수 있겠습니까? 당신은 아무것도 경험하지 못합니다. 당신은 신성을 진정으로 알지 못합니다. 수행이 없으면 박티는 그 대상과 단절된 채로 남아있습니다. 그것은 타자화합니다. 우리가 신을 생각할 때 우리의 상상력이 작동하기 시작합니다. 아마도 우리는 하늘의 보좌에 앉아있는 영광스러운 존재를 상상할 것입니다. 혹은 추상적인 힘과 에너지의 원천을 떠올리기도 합니다. 신은 존재하지만 우리가 내면으로 들어가 그 존재를 느끼기 전까지 신은 개념, 즉 정신적 형상으로 존재합니다.

상상력을 발휘하면 우리는 실재하지 않는 많은 것을 창조할 수 있습니다. 기실은 비현실적인 것만 창조할 수 있지요. 당신은 멋진 환상을 만들 수도 있고, 끔찍한 환각을 일으킬 수도 있습니다. 그것은 당신 자신의 창조물이며 비현실적입니다.

명상은 아무것도 창조하지 않습니다. 다만 드러낼 뿐입니다. 무엇을 드러낼까요? 실재하는 것, 진실한 것, 참된 것을 드러냅니다. 거짓말은 창조해냅니다. 비진리도 창조해냅니다. 현실은 결코 창조할 수 없으며 있는 그대로 존재합니다.

명상 자체가 박티입니다. '박티'라는 단어는 다양한 형태의 경배와 동의어가 되었습니다. 어떤 사람에게는 신께 제물을 바치는 것이기도 합니다. 다른 사람에게는 신앙 노래를 부르는 것일 수 있습니다. 이런 것은 사랑의 외적 표현입니다. 그런데 그 외적 표현에 내면의 감정이 결여되면 경배는 기계적인 것이 됩니다. 그것은 형식만 있고 본질은 없는 의례일 뿐입니다. 빈 껍질이나 생명이 없는 시체와 같지요. 내면의 느낌, 즉 박티의 태도가 실제로 존재한다면 굳이 외적 표현이 필요할까요?

그렇기에 명상은 조용한 활동입니다. 그것은 경배지만 내면의 경배입니다. 깊은 명상에서 경배는 더 이상 행동이 아니라 존재 상태, 즉 가슴의 본질적 특성입니다. 이것은 경배 대상이 내면일 때만 가능합니다."

다지는 잠시 말을 멈추었습니다.

"그렇다고 당신이 자신을 숭배한다는 뜻은 아닙니다!" 그는 웃으며 말했습니다.

"그것은 허영심일 뿐입니다. 어떤 사람은 그것을 신성 모독이라고 부르기도 합니다. 이것은 당신이 자기 마음 안에 있는 신성한 존재와 점점 더 깊이 접촉한다는 것을 의미합니다.

신은 어디에나 있으며 이 경우 신은 당신 안에 있습니다. 그런데 왜 외부를 바라볼까요? 신성을 내면에서 발견할 때 우리는 그것을 대문자 S를 써서 자아Self라고 부릅니다. 의식의 절대적 깊이로 뛰어들 때 우리는 그것을 발견합니다. 거기에서 의식을 받치고 있는 무언가가 있음을 발견합니다. 의식에 토대가 있다는 걸 발견하는 겁니다. 그런 다음 더 깊이 들어가면 그 토대가 자체 토대를 가지고 있고, 그 토대 아래에 무한한 토대가 있음을 발견합니다. 이 무한한 토대는 생명체든 아니든 만물의 근간을 이루는 실체인 참자아the Self입니다. 그런데 그것은 그 자체로 존재하지 않습니다. 그것은 존재와 비존재를 초월합니다. 그럼에도 불구하고 그것은 모든 존재의 뿌리입니다. 그것은 모든 존재의 지지대입니다. 그 너머에도 무언가가 있습니다. 그러나 당신은 가슴에서 그 보편적 토대를 깨달음으로써 개별적인 모든 것, 한계가 있는 모든 것을 초월합니다.

한데 '자아'라는 단어는 오해의 소지가 큽니다. 이 말을 읽거나 들으면 '나'라는 느낌, 즉 개별성을 떠올릴 수 있습니다. 하지만 요가의 자아 개념은 보편적인 것을 의미합니다. 그것은 공통적인 자아, 즉 비인격적이면서도 지극히 개인적인 자아입니다. 이는 모든 사물의 가슴과 영혼입니다."

"그토록 쉽게 오해할 수 있는 용어라면 왜 사용하나요?" 제가 물었습니다.

"그런 이유로 저는 자주 쓰지 않습니다. 그렇지만 동시에 이것은 우리에게 중요한 것을 알려줍니다. 자신의 바깥에서 보편적 토대를 찾는 것은 불가능하다는 것을 보여주지요. 그것을 찾으려면 내면으로 들어가야 합니다. 자기 존재의 근원으로 들어가면 모든 존재가 공통분모로 공유하는 토대를 발견할 수 있습니다. 결국 개인적인 것을 매개로 보편적인 걸 발견하는 것입니다. 주관적인 것을 매개로 객관적인 걸 깨닫는 겁니다."

"자아를 만났을 때를 어떻게 알 수 있습니까?" 제가 물었습니다.

"알 수 없습니다. 자아를 찾는다는 건 자신을 완전히 잊는 것입니다. 당신은 그것을 찾았다는 것을 의식할 수 없습니다. 만약 의식한다면 당신은 진정한 자아를 찾지 못한 겁니다. 그것은 그저 당신의 에고일 뿐입니다. 진정한 명상은 명상하고 있다는 사실을 더 이상 의식하지 않을 때 시작됩니다. 그것은 경험을 넘어설 때 시작되지요."

"하지만 이제껏 우리가 신성을 생각하거나 믿는 것이 아니라 어떻게 신성을 경험해야 하는지 많이 말씀하셨는데요."

"그랬지요. 그러나 엄밀히 말하자면 우리는 신성을 경험하는 것이 아니라 신성이 우리에게 미치는 영향만 경험하는 것입니다. 신성한 자아는 우리에게 행동하지 않지만 그로 인해 우리는 변화합니다. 자아가 우리에게 영감을 주는 게 아니라 그것을 매개로 우리가 영감을 얻습니다. 자아는 우리에게 아무것도 주지 않습니다. 자아에는 줄 것이 없습니다. 그렇지만 그것 덕분에 우리는 받습니다. 우리는 이 모든 것을 넘어서야 합니다. 무언가를 받기 위해 명상하는 것은 예의에 어긋납니다. 가장 좋은 태도는 사랑과 감사의 태도이며, 이는 우리가 내면의 근원과 더 깊이 만난 결과로 시간이 지남에 따라 발전합니다. 다시 한번 말하지만 트랜스미션은 이를 매우 빠르게 이끌어냅니다. 그 결과 명상은 경배의 진정한 본질이 됩니다.

그러한 경배에는 화려함이나 쇼가 없습니다. 말이나 형식, 심지어 생각도 없습니다. 간단히 말하면 이는 그 사랑의 본질에 녹아드는 것입니다. 그러면 둘은 하나가 되고 경배라는 개념조차 사라집니다. 이것이 바로 가장 높은 경지의 박티이며 이것은 명상 수행으로 이뤄집니다."

다지는 계속해서 말했습니다.

"물론 박티로 이어지지 않는 명상 수행 사례도 많이 있습니다. 저는 그것을 기계적 수행이라 부르고 싶군요. 가슴은 없고 훈련만 있는 기술적인 접근법이지요.

앞서 말했듯 카르마, 박티, 기얀이라는 세 가지 접근법은 모두 필요합니다. 그것은 같은 의자의 다리 세 개나 마찬가지입니다. 그중 하나를 없애면 의자는 제 기능을 하지 못합니다. 반면이 세 가지를 결합하면 그 결과는 각 부분의 합보다 더 큽니다. 정말 훌륭하지요. 라자 요가는 이 세 가지를 결합해 우리가 즉시 자아와 만나게 하는 효과를 냅니다. 이것은 우리의 첫 번째 명상 세션에서 일어납니다. 고락사나타Gorakshanatha의 아마나스카 요가Amanaska Yoga라는 아주 오래된 텍스트에서는 자아를 우리 안에 앉아있는 왕으로 묘사합니다."

"라자 역시 '왕'이라는 뜻이죠." 제가 말했습니다.

"그래서 이 길을 라자 요가라고 부르는 것입니다." 다지가 말했습니다.

"그게 바로 하트풀니스고요." 제가 말했습니다.

"맞습니다. 하트풀니스는 라자 요가를 간소화한 버전으로, 모든 것을 내려놓고 깨어있는 모든 시간을 명상에 바칠 여유가 없는 현대 구도자들에게 효과적인 방식으로 간소화했습니다."

"방금 설명하신 요가에 접근하는 그 모든 방법 중 우리가 가장 중점을 두어야 할 것은 무엇인가요?" 제가 물었습니다.

"수행에 집중하십시오. 하트풀니스 수행의 세 가지 요소인 명상, 정화 그리고 기도에 집중하십시오. 철저히 연습하십시오. 수행을 하면 다른 모든 것이 따라오므로 수행이 가장 중요합니다. 수행이 없으면 카르마도, 박티도, 기얀도 없습니다. 수행이 없으면 요가도 없습니다. 요가의 숙련mastery of yoga은 수행으로 이뤄지며 요가에 통달한다는 것은 자신의 자아에 통달하는 것을 의미합니다. 바로 그런 사람이 스승master입니다. 스승은 자기 자신에 관해 통달한 사람입니다. 바부지께서는 이렇게 말씀하셨지요. '나는 제자를 만들러 온 게 아니다. 나는 스승을 만들러 왔다.' 그러니 수행하십시오."

다지가 덧붙였습니다.

"그렇지만 하트풀니스 수행이 그토록 변화를 일으킬 수 있는 이유는 트랜스미션 때문입니다. 납을 금으로 바꾼 전설적인 철학자의 돌처럼, 트랜스미션은 가장 단단한 마음도 결국 신의 신성한 성전으로 바꿔놓을 수 있습니다."

요가 트랜스미션 Yogic Transmission

명상에 처음 입문했을 때 저는 트랜스미션 개념이 혼란스러웠습니다. 들어본 적도 없고 가능성조차 의심스러웠기에 머리로는 그 개념을 받아들이기 어려웠지요. 그런데 제가 경험한 트랜스미션은 제게 일어난 일 중 최고의 일이었습니다. 상황이 그렇다 보니 기존의 제 관점과 그 경험을 연결하는 게 쉽지 않았습니다. 하지만 경험에는 한 사람의 관점을 바꿔놓는 묘한 힘이 있습니다. 이미 몇 년 동안 트랜스미션 없이 명상해온 터라 저는 두 경험이 본질적으로 서로 다르다는 것을 분명히 알았습니다. 트랜스미션 명상 이후 제 명상은 새로운 활력을 얻었습니다. 더 중요한 것은 명상이 큰 변화를 불러왔다는 점입니다. 저는 제게 심오한 변화가 있음을 즉시 알아차렸고, 그 변화는 몇 년 동안 계속 이어졌습니다. 하트풀니스 트레이너가 되었을 때는 트랜스미션으로 다른 이들의 명상을 돕는 방법을 배우기도 했습니다. 그래도 모든 신성한 것이 그렇듯 트랜스미션은 여전히 신비로운 것으로 남아있었습니다. 이런 이유로 저는 다지가 그것을 두고 무엇이라 말할지 무척 궁금했습니다. 다지는 이렇게 말했습니다.

"트랜스미션은 우리 수행법의 가장 큰 특징입니다. 하트풀니스 명상법 그 자체는 다른 명상법보다 더 좋거나 더 나쁘지 않은 또 하나의 방법일 뿐입니다. 그렇지만 트랜스미션은 전적으로 고유한 특징입니다. 모든 차이가 거기에서 나옵니다. 트랜스미션은 하트풀니스 명상법의 핵심 열쇠입니다. 이것이 하트풀니스 명상법을 그토록 파워풀하게 만드는 이유입니다."

"많은 영적 전통에서 트랜스미션이라는 용어는 가르침을 전달하는 방편을 의미합니다. 그러나 여기서는, 그러니까 하트풀니스의 맥락에서는 그 의미가 다르죠." 제가 말했습니다.

"신성한 지식은 결코 가르치거나 배울 수 있는 게 아닙니다. 오히려 그것은 어느 순간 깨닫는 것과 비슷합니다. 진지한 구도자라면 때가 되었을 때 어느 순간 저절로 압니다. 영성 영역에서 가르친다는 건 모순입니다. 깨닫기 전까지는 어떤 가르침도 제대로 귀에 들어오지 않습니다. 깨닫고 난 후에는 가르침이 필요 없어집니다. 진정한 깨어남은 영감을 주는 말을 듣는다고 오는 게 아닙니다. 책을 읽는다고 오지도 않습니다. 그럴 수가 없지요. 영적으로 깨어난 상태를 아무리 유려하게 설명해도 다른 사람들을 깨닫게 만들 수는 없습니다. 구루와 수행자 사이에는 가슴의 공명이 있습니다. 깨어난 상태는 한 촛불에서 다른 촛불로 불꽃이 전해지듯 전달됩니다. 구루는 그 공명을 촉발하고 그것으로 제자가 영적으로 각성하도록 만듭니다."

"트랜스미션이란 정확히 무엇인가요?" 제가 질문했습니다.

"우리는 일상 세계에서 이미 트랜스미션 개념에 익숙합니다. 예를 들어 우리는 소리를 전달할 수 있고, 말을 전달할 수 있으며, 다른 많은 것도 전달할 수 있습니다. 우리는 트랜스미션으로 영성의 정수를 전달합니다. 트랜스미션은 근원에서 신성한 에너지를 내보내는 것입니다. 그저 그뿐입니다. 우리는 그것을 신의 정수라고 부를 수도 있겠지요. 그 또한 맞을 것입니다."

"그러니까 트랜스미션은 그것을 하는 사람에게서 나오는 것이 아니군요." 제가 말했습니다.

"선풍기가 당신에게 불어오는 바람을 만드나요? 우리는 늘 공기에 둘러싸여 있지만 바람이 불지 않으면 알아차리지 못합니다. 마찬가지로 신성이 우리를 둘러싸고 있고 우리 안에 스며들어 있어도 우리는 신성이 우리 삶에 끊임없이 존재한다는 것을 알아차리지 못합니다. 그러나 신성의 존재는 트랜스미션으로 미세하게 살아 움직입니다. 신성한 에너지가 움직이는 것입니다. 그것은 우리를 향해 움직이고 우리 안에서 움직입니다. 바람에 춤추는 나뭇잎처럼 우리 마음도 그 신성한 흐름에 따라 진동하기 시작합니다."

"여기서 구루의 역할은 무엇인가요?" 제가 물었습니다.

"구루는 천장의 선풍기와 같습니다. 그의 역할은 그 움직임을 촉발하는 것입니다. 트랜스미션은 그의 전유물이 아닙니다. 구루가 트랜스미션을 소유하고 있는 게 아니에요. 어느 누구의 것도 아닙니다! 트랜스미션은 자연의 본질입니다. 산스크리트어로 우리는 그것을 '프라나후티Pranahuti'라고 부릅니다. 이 단어를 살펴봅시다. 프라나후티는 프라나Prana와 아후티ahuti라는 두 개의 어근에서 유래했습니다. 고전적으로 프라나는 '생명력'을 의미하지만 사람들은 보통 프라나를 '숨'으로 이해합니다. 프라나를 궁극의 근원the Ultimate의 숨결로 본다면 이러한 이해는 옳다고 할 수 있겠지요."

그는 잠시 말을 멈췄습니다.

"알다시피 트랜스미션은 프라나의 가장 미묘한 정수를 활용합니다. 더 나아가 우리는 트랜스미션을 본질 중의 본질이라 부를 수 있습니다. 그 미묘함은 표현할 수 없습니다. 그것은 오직 신성과 동등합니다.

이제 질문이 하나 생깁니다. 우리 안에 이미 그 본질이 있지 않습니까? 우리 안에는 이미 존재의 맥박을 뛰게 하는 실체가 있습니다."

"영혼이지요." 제가 말했습니다. 다지는 고개를 끄덕였습니다.

"알다시피 인도의 여름은 매우 덥습니다. 땅이 메마르고 나뭇잎은 죽기 시작하지요. 실제로 나무 전체가 곧 죽을 것처럼 보입니다! 그럼에도 불구하고 뿌리는 땅에서 충분한 수분과 영양분을 흡수해 생명을 유지합니다. 그러다 마침내 우기에 비가 내리면 나무는 정말로 다시 살아납니다. 마치 춤을 추는 것처럼 보이기도 합니다! 아주 싱그러워요. 굉장히 생동감이 넘치지요.

나무가 뿌리 시스템으로 수분과 영양분을 끌어들이듯 우리도 영혼으로부터 꾸준히 생명력을 얻습니다. 그렇지만 첫 번째 트랜스미션을 받으면 우리는 우기에 비를 맞고 춤을 추는 나무처럼 됩니다. 우리 삶은 상상할 수 없을 만큼 생기를 얻습니다! 매우 실제적 의미에서 새로운 생명이 우리에게 숨을 불어넣는 것입니다.

이제 프라나후티의 또 다른 산스크리트어 어근인 아후티를 알아봅시다. 아후티는 '공양'이라는 의미입니다. 희생이라는 뜻도 있습니다. 프라나가 본질적이고 원초적인 생명력이라는 점을 기억한다면 우리는 트랜스미션, 즉 프라나후티를 순수한 본질을 봉헌하는 것으로 이해할 수 있습니다.

이 제물은 누구에게 바치는 걸까요? 바로 우리입니다. 궁극의 근원은 우리 각자에게 자신을 제공합니다. 이 관점에서 생각하면 주님이 모두를 위해 자신을 희생하고 자신을 내어주는 기독교가 떠오릅니다. 따라서 우리는 트랜스미션을 궁극Ultimate이 우리에게 자신의 본질을 주입하는 과정으로 이해할 수 있습니다. 그 결과 우리 일은 더 쉬워집니다. 이제 우리는 오랜 세월 동안 많은 영적 구도자가 그랬던 것처럼 정글 속을 트레킹할 필요가 없습니다. 가파른 산을 오를 필요도 없지요. 옛말에 '산이 무함마드에게 오지 않는다면 무함마드가 산으로 가야 한다'라는 것이 있습니다. 옛날부터 구도자들은 산으로 향했습니다. 그들은 그곳에서 고통을 겪었지요. 그들은 희생을 치렀습니다. 그들은 신을 위해 큰 고통을 감수하고 크게 포기했습니다. 그러나 트랜스미션에서 희생하는 것은 '궁극'입니다. 산이 당신에게 다가옵니다. 이것이 놀라운 영적 확장을 위한 원동력입니다."

"그것이 어떻게 가능합니까?" 제가 물었습니다.

"우리에게 더 큰 힘이 작용할 때, 우리는 자신의 제한적인 능력에 의존할 필요가 없습니다. 스쿠버다이버가 착용하는 산소통을 생각해보십시오. 산소통을 착용하면 평소에는 불가능한 수중 호흡을 할 수 있습니다. 덕분에 스쿠버다이버는 더 깊은 바닷속으로 잠수하거나 더 오랜 시간 잠수합니다. 마찬가지로 우리는 트랜스미션으로 보통 혼자서 달성하는 데 수년 혹은 수십 년이 걸릴 의식 수준에 도달하는 것이 가능합니다. 거의 접근 불가능한 특정 관문도 있는데 우리는 트랜스미션으로 그 모든 단계를 넘어갈 수 있습니다.

영적 여정의 어떤 단계는 구도자에게 매우 매력적입니다. 그 단계는 기쁨과 평화, 행복으로 가득 차 있습니다. 사실 이 단계는 굉장히 매력적이라 우리는 그곳에 안주해 영적 여정을 완전히 포기하고 싶은 유혹을 받기도 합니다. 이것은 해마다 같은 학교 수업을 듣는 것과 같습니다. 그만큼 발전이 없습니다. 안타깝게도 많은 구도자가 이런 식으로 길을 잃어버립니다. 그렇지만 트랜스미션은 절대 이를 용인하지 않습니다.

어떤 단계는 매우 경이로워서 더 이상 달성할 게 없다는 생각이 들기도 합니다. '내가 해냈어!'라고 생각하지요. 그러나 항상 더 많은 것이 있습니다! 결국 여행은 무한한 여정이기 때문입니다. 무한한 여정에서는 길 자체가 목표입니다. 한 발 한 발 내딛고 계속 진화하는 것입니다. 트랜스미션은 우리에게 그러한 진화의 원동력을 제공합니다. 말 그대로 우리를 한 단계에서 끌어내 적절한 순간에 다음 단계로 데려다줍니다. 그런 의미에서 트랜스미션은 여정의 어느 단계에서든 정체하지 않게 하는 안전장치 역할을 합니다. 그렇지 않으면 우리는 한곳에 아주 오랫동안 머물러 있을 수도 있습니다. 사실 우리는 영원히 거기에 머물 수도 있습니다."

"영원히요?" 제가 물었습니다.

"네. 모든 단계는 무한할 수 있으니까요. 예를 들어 수학에는 시작과 끝이 없는 선이 있습니다. 양방향으로 무한대로 뻗어나가는 선입니다. 그런데 실제로 무한대일까요? 그것은 단지 선일 뿐입니다. 1차원적이지요. 비슷하게 일종의 1차원적 방식으로 선을 무한히 확장할 수 있습니다. 우리가 이미 성취한 것에 만족해 더 나아가지 않을 때 생기는 일이 그렇습니다."

"정체는 우리에게 어떤 영향을 미칠까요?" 제가 질문했습니다.

"불균형이 생길 겁니다. 모든 나라마다 고유한 관습이 있듯 영적 여정의 모든 단계에는 고유한 특성이 있습니다. 단계마다 본질적 자질이 있지요. 어떤 단계에 오래 머물수록 우리는 그 본질적 특성을 더 많이 흡수합니다. 한 단계에 잠시 머물면서 그 본질을 흡수하는 것은 괜찮지만 어느 정도까지만 하는 게 좋습니다. 너무 오래 머물면 우리의 성장은 편파적으로 이뤄지고 맙니다. 이는 학교에 가서 한 과목만 배우는 것과 같습니다. 당신이 천체 물리학은 할 수 있지만 읽을 줄 모른다면 무슨 소용이 있을까요? 심지어 이 경우 우리는 정체 상태에 있어도 여전히 성장하고 있습니다. 그러나 우리는 한 차원, 한 방향으로만 성장합니다. 이건 온전한 성장이 아닙니다. 발전이 아니라 기형적 성장입니다."

"트랜스미션이 그런 일이 일어나지 않도록 막는다는 거군요." 제가 말했습니다.

"네. 그것은 모든 상황에서 우리가 계속 움직이게 합니다. 또한 우리 여정을 가속화합니다. 트랜스미션이 없으면 한 단계에서 다음 단계로 이동하기 위해 아주 오랫동안 열심히 일해야 할 것입니다. 이런 까닭에 전통적으로 영적 여정은 길고 고단한 것으로 여겨졌습니다. 인도의 구전 신화에는 수천 년 동안 명상한 사람들의 이야기가 나옵니다! 이런 이야기를 믿는다면 그 여정을 시작하고 싶겠습니까? 그럼에도 불구하고 많은 사람이 그렇게 합니다. 영성 역사에는 영적 깨달음을 얻고자 숲, 동굴, 산꼭대기에서 은거하며 극도로 금욕 생활을 한 진지한 구도자 이야기가 가득합니다. 인도에는 최고의 의식상태에 도달하려면 고난을 겪어야 한다는 인식이 널리 퍼져 있습니다.

저도 한때 같은 생각을 했지요. 10대 때 저는 라마크리슈나 파라마한사와 그의 제자 스와미 비베카난다께 영감을 받았습니다. 스와미 비베카난다는 19세기 후반 인도 전역을 도보로 횡단하며 가는 곳마다 영감을 주는 메시지를 전파했습니다. 1976년 5월, 열아홉 살이던 그해에 저는 비베카난다의 발자취(집을 나와 떠돌이 수도사, 즉 인도에서 산야시라고 부르는 승려가 되는 길)를 따르기로 결심했습니다. 하지만 비베카난다와 달리 제게는 아무런 메시지도 없었습니다. 저는 여전히 영적 깨달음을 찾고 있었으니까요. 저는 순전히 구도자였습니다.

저는 구자라트주 나르마다 강변의 오래된 사원 베란다에서 산야시 무리를 만났습니다. 그때까지 저는 그들의 생활 방식을 전혀 알지 못했습니다. 그들의 리더로 보이는 머리가 헝클어진 한 노인을 발견했는데, 그는 오랜 금욕 생활로 마르고 허약해져 있었습니다. 마침내 그가 저를 부르더니 여기서 무얼 하느냐고 물었습니다. 저는 세상이 약속하는 것 이상의 것을 찾고 있다고 대답했습니다.

그는 '신을 찾을 수 있겠지만 이런 방식은 아닐 겁니다!'라고 말했습니다.

그 늙은 산야시는 솔직하고 진솔했습니다. 사실 그는 제게 자신의 마음을 쏟아부었습니다. 그는 인생에서 이 길을 택한 것을 두고 후회로 가득 차 있었습니다. 그는 자신이 어렸을 때 어떻게 고향을 떠났는지 들려주었습니다. 아무에게도 알리지 않아 누구도 그에게 무슨 일이 일어났는지 몰랐습니다. 그냥 사라져 버렸기 때문입니다.

'다시는 가족을 보지 못했습니다.' 그가 말했습니다.

'제 아내는…, 그녀에게 무슨 일이 일어났는지 모르겠군요. 또 아이들은 어떻게 됐는지 알지 못합니다.'

그는 이 모든 것에 괴로워했습니다. 또한 그는 자신의 길에 환멸을 느꼈습니다. 수년간 방황하며 구걸했으나 그는 여전히 영적 목표를 이루지 못했습니다. 그의 구도는 진심이었지만 방향이 잘못되었기 때문입니다. 그는 자신이 잘못된 길을 걸었음을 알았습니다. 사실 그는 수십 년 전에 집으로 돌아갈 것을 고려했지만 가족을 차마 마주할 수 없었습니다.

제게는 아직도 그의 작별 인사가 들립니다. '이런 식으로는 신을 찾을 수 없을 겁니다!'"

"얼마나 오래 그렇게 사셨나요?" 제가 물었습니다.

"6시간 정도입니다."

이 말을 듣고 저는 웃음이 터졌습니다. 다지가 인도 시골을 떠돌아다니며 몇 주, 아니 몇 달을 보냈을 거라고 예상했기 때문입니다.

"언제 처음 트랜스미션을 경험했습니까?" 제가 물었습니다.

"1976년 8월 12일입니다. 당시 저는 약학대학 기숙사에서 생활하고 있었습니다. 가끔 명상을 시도했지만 어떻게 해야 하는지는 잘 몰랐습니다. 그저 침대에 앉아 심오한 생각을 했을 뿐입니다. 제 동기생 중 하나가 그 모습을 오랫동안 지켜보더니 '캄레시, 명상하는 법을 제대로 가르쳐줄 수 있는 사람을 알려줄까?'라고 말했습니다. 그는 아주 터프하게 말했습니다. '너를 트랜스에 빠뜨릴 수 있는 멋진 여자를 알아'라고요. 저는 그와 함께 그녀를 만나러 갔는데 그 '멋진 여자'는 나이 많은 할머니였습니다! '트랜스'는? 그것은 파탄잘리 요가 경전의 여덟 번째 단계인 사마디였습니다. 사람들은 흔히 사마디를 거기에 이르기까지 수년이 걸리는 매우 높은 경지라고 생각합니다. 그러나 트랜스미션과 함께라면 사마디에 즉시 도달할 수 있습니다.

제가 그 집에 도착했을 때 그분이 얼마나 따뜻하게 맞아주었는지 기억합니다. 그녀가 왜 왔느냐고 물었을 때 저는 예전에 산야시를 만난 경험을 이야기했습니다. 그녀가 말했습니다. '승려들이 다니는 정글과 산에 신이 계신 것은 사실입니다. 신성은 어디에나 있습니다. 그렇게 신은 어디에나 계시고 당신 안에도 계십니다. 그러면 왜 다른 곳에서 신을 찾아야 할까요?'

저는 이 말에 충격을 받았습니다. 그녀는 함께 명상하자며 저를 초대했고 그 명상에서 저는 처음 트랜스미션을 경험했습니다. 그 경험은 저를 완전히 사로잡았습니다! 전에는 그런 경험을 한 적이 없었습니다. 정말 감동적인 경험이었지요. 그녀는 제게 또 다른 감동까지 안겨주었습니다. 명상이 끝난 뒤 그녀는 눈물을 흘렸습니다. 제가 그녀를 만나러 온 것에 굉장히 감사해한 것입니다. 트레이너가 수강생에게 감사하는 모습을 상상해보십시오! 저는 전에 그런 겸손함을 본 적이 없다는 생각이 들었습니다. 그녀의 구루인 바부지를 처음 만났을 때도 마찬가지였습니다.

저 같은 초보자가 어떻게 첫 명상에서 그런 경험을 할 수 있었을까요? 그것은 오직 트랜스미션 덕분입니다. 트랜스미션이 없으면 우리는 일상적이고 평범한 의식조차 마스터하기 어렵습니다. 저는 수년간의 명상 수련 후에도 여전히 명상에 어려움을 겪는 원숙한 명상가를 많이 만났습니다. 제가 그들에게 바라는 것은 그들이 일생에 한 번쯤은 트랜스미션을 경험하는 것입니다. 그것은 우리가 일상적인 의식을 초월할 수 있게 해줍니다. 우리의 의식은 업그레이드됩니다. 그리고 신성해집니다."

그러더니 다지는 미소를 지었습니다.

"물론 당신은 신성해진 의식을 다루는 법을 배워야 합니다. 그건 또 다른 이야기죠!"

그는 잠시 말을 멈추었습니다.

"또한 우리는 구도자에게 고귀한 자질을 불러일으키기 위해 트랜스미션을 사용합니다. 여기서 저는 파탄잘리의《요가수트라》가 다시 생각납니다. 그의 여덟 단계 중 두 번째 단계는 니야마라고 불립니다. 라라지(하트풀니스 전통의 첫 번째 구루)께서는 니야마에 흥미로운 견해를 보이셨습니다. 그는 니야마를 '고귀한 자질을 주입하는 것'으로 정의했습니다. 이것이 우리가 트랜스미션으로 달성하는 것입니다.

《요가수트라》경전은 트랜스미션이 네 번째 단계를 성취하는 데도 도움을 준다고 언급하고 있습니다."

"프라나야마pranayama죠." 제가 말했습니다.

"사람들은 대부분 프라나야마를 단지 일련의 호흡 운동으로 여깁니다. '프라나'라는 단어가 보통 호흡과 연관이 있기 때문이기도 합니다. 하지만 프라나야마에는 더 깊은 의미가 담겨있습니다. 이 단어는 프라나prana와 아야마aayaama라는 두 가지

어근으로 이뤄져 있습니다. 프라나의 전통 의미는 생명력이라고 이미 설명했습니다. 아야마는 '확장'을 의미합니다."

"그러니까 프라나야마는 '확장하는 생명력'이라는 뜻이군요." 제가 말했습니다.

"맞습니다. 그것은 호흡 자체와 아무 상관이 없습니다. 우리가 트랜스미션을 경험할 때마다 우리는 마음속으로 가장 높은 힘을 받습니다. 그로부터 그것은 전체 시스템으로 확장됩니다. '생명력 확장', 이것이 바로 트랜스미션이 프라나야마의 목적을 달성하는 방법입니다."

"그래서 호흡 수련이 하트풀니스 수행의 일부가 아닌 거로군요." 제가 말했습니다.

"맞습니다. 우리가 트랜스미션을 활용할 수 있으면 프라나야마는 불필요해집니다. 그렇다고 트랜스미션과 프라나야마가 서로 같다는 의미는 아닙니다."

"라마크리슈나가 스와미 비베카난다께 자신의 영적 자산을 전수했다는 글을 읽었습니다." 제가 말했습니다.

"네, 사실입니다. 스와미 비베카난다께서도 트랜스미션을 할 수 있었지만 그것을 말한 적은 없습니다. 다른 사례도 찾을 수 있습니다. 예를 들어 수피즘의 특정 교파에도 트랜스미션이 존재합니다. 그곳에서는 타바조tavajjoh로 알려져 있습니다. 티베트 불교에도,《요가 바시슈타》 같은 특정 요가 문헌에도 이에 관한 언급이 있습니다. 신이 특정 종교에 속하지 않는 것처럼 트랜스미션은 어느 한 교파에만 속하는 것이 아닙니다. 어떤 사람이 근원과 완전히 합일하면 그 신성한 본질을 끌어내 다른 사람에게 나눠줄 수 있습니다.

그러나 그런 사람을 찾기란 극히 어렵습니다. 제 구루 같은 위대한 인물은 역사상 거의 존재하지 않았습니다. 구루가 고유한 근원과 완전히 합일한 상태가 아니어도 그는 여전히 트랜스미션을 할 수 있겠지만, 이 경우 그는 무엇을 트랜스미션할까요? 그들 자신의 제한적인 존재 상태만 트랜스미션할 겁니다. 그런 사람은 자신보다 더 높은 어떤 것과도 연결되어 있지 않습니다. 그들이 더 높은 무언가와 연결되어 있을지라도 신 안에서 자신을 녹여내지 않는 한 그들의 트랜스미션에는 한계가 있을 것입니다."

"그 한계는 트랜스미션의 효과를 떨어뜨리겠지요." 제가 말했습니다.

"물론입니다. 가장 깊은 수준의 사마디 상태에서 우리는 우리가 존재하기 전의 원형 상태와 비슷합니다. 그때는 움직임이 없고 고요함만 있었습니다. 그렇지만 그 고요함 속에는 엄청난 잠재력이 있었습니다. 무한한 에너지가 있었지요. 그 에너지가 움직이기 시작하면 우리는 그것을 원초적인 힘, 즉 아디 샥티adi shakti로 인식합니다. 트랜스미션은 바로 그 원초적인 힘입니다.

그것이 아디 샥티입니다. 본래의 원초적인 힘만이 우리를 원래의 고유한 상태로 되돌릴 수 있습니다.

사실 '본래의 힘original force'보다 더 좋은 용어는 '무위의 힘 forceless force'입니다. 트랜스미션은 효과는 있어도 반응을 일으키지는 않습니다. 일반적으로 힘은 반응을 일으키지만 효과는 없습니다. 누군가를 꾸짖으면 상대방은 반응합니다. 과연 효과가 있을까요? 그 강렬한 꾸짖음이 그들을 변화시킬까요? 힘은 항상 반응을 일으킵니다. 오직 사랑만 반응을 일으키지 않고 효과를 낼 수 있습니다. 이 사랑스럽고 강제적이지 않은 힘의 트랜스미션으로 우리는 요가의 정의인 근원과의 원래 합일 상태를 되찾을 수 있습니다."

"궁극의 상태에 도달하기 위해서는 우리가 경험하는 트랜스미션이 그 궁극의 수준에서 나와야 하겠군요." 제가 말했습니다.

"그렇습니다. 그리고 그 궁극의 상태와 동일하게 진화한 사람만 트랜스미션 형태로 근원을 활성화할 수 있습니다. 여기서 라라지께서는 중요한 혁신을 이루셨습니다. 그는 근원과 완전히 합일한 사람이 다른 사람들을 준비시켜 자신의 트랜스미션을 위한 수단 혹은 통로가 되게 하는 방법을 발견했습니다. 이 발견 덕분에 우리는 전 세계에서 자원봉사를 하는 하트풀니스 트레이너 수천 명을 보유하고 있으며, 각 트레이너는 구루를 대신해 트랜스미션을 합니다."

"그러니까 하트풀니스 트레이너는 구루의 트랜스미션 사명을 전달하는 통로인 셈이군요." 제가 말했습니다.

"네. 구루는 이들을 준비하고 그들을 활용해서 일합니다. 트레이너는 초보 명상가일 수도 있지만 그들의 트랜스미션은 그들을 준비시켜 트랜스미션을 하게 한 구루의 사명과 동일합니다.

제가 보기에 이는 영성 역사에서 놀라운 단계입니다. 단순한 초보자도 진화한 인격체와 똑같은 영적 작업을 할 수 있기 때문입니다. 더구나 자연의 과정이라 구루 역시 이 과정의 통로입니다! 트랜스미션은 인류와 함께하는 자연의 진화 작업 중 한 측면입니다."

"그렇다면 명상할 필요 없이 자동으로 트랜스미션을 경험할 수 있어야 하지 않을까요?" 제가 질문했습니다.

"농부가 비의 혜택을 받으려면 밭을 준비해야 합니다. 자연은 있는 그대로이기 때문에 우리는 자연에 순응합니다. 그것이 우리가 수행하는 이유입니다."

"신성한 트랜스미션은 어떤 수단으로 우리 마음에 전달되나요?" 제가 물었습니다.

"무슨 뜻입니까?" 다지가 질문했습니다.

"예를 들어 소리는 공기나 물 같이 진동할 수 있는 매체가 필요합니다. 우리가 트랜스미션을 경험하려면 어떤 매체가 필요하지 않을까요?" 제가 다시 물었습니다.

"《요가 바시슈타》는 '시각으로, 말로, 촉각으로 제자에게 신성을 불어넣고 그를 깨우칠 수 있는 사람이야말로 진정한 구루다'라고 말합니다. 우리는 많은 요가 이야기에서 구루가 제자를 바라보기만 해도 제자가 깨우치는 상황을 들었습니다. 수피 전통에서는 구도자의 가슴에 영적 에너지를 불어넣기 위해 셰이크sheikh가 가슴을 부드럽게 만지는 것이 일반적입니다. 우리는 그런 방법을 사용하지 않습니다. 신체적 접촉은 하지 않습니다. 구루나 트레이너가 우리를 바라볼 필요도 없고, 그들이 우리에게 말을 걸 필요도 없습니다. 여기서 트랜스미션은 눈에 보이지 않지만 그렇다고 느껴지지 않는 게 아닙니다! 그 매개체는 생각입니다. 트레이너가 트랜스미션을 생각하기만 하면 흐르기 시작합니다. 때로는 트레이너가 생각하지 않아도 저절로 흐릅니다. 과연 그 매개체는 무엇일까요? 어쨌든 무언가가 어딘가로 이동해야 할 때만 매개체가 필요합니다. 그런데 트랜스미션은 즉시 목표에 도달합니다. 빛도 순식간에 이동하지는 못합니다. 만약 트랜스미션이 제로 타임으로 모든 거리를 이동할 수 있다면 그 속도는 무한대여야 합니다. 트랜스미션은 특정 장소에 있지 않고 무한한 근원으로부터 동시다발적으로 나오기 때문입니다."

"구도자는 자신을 대신해 트랜스미션을 이끄는 프리셉터라는 하트풀니스 트레이너와 함께 명상하는 것으로 하트풀니스 수행을 시작합니다. 이러한 명상 세션을 시팅sittings이라고 합니다. 시팅은 직접 만나 진행할 수도 있고, 트레이너와 지원자가 서로 다른 장소에서 동시에 명상하며 원격으로 진행할 수도 있습니다.

트레이너의 역할은 최초의 시팅이 끝난 뒤에도 끝나지 않습니다. 오히려 트레이너는 계속해서 시팅을 할 수 있습니다. 수련생은 한 달에 몇 번씩 트레이너에게 시팅을 받는 게 이상적입니다. 트레이너와 계속해서 시팅을 하는 주된 목적은 트랜스미션 기회를 제공받는 데 있습니다. 이는 매일 하는 개인 수련을 보완합니다. 또한 매일 하는 수련은 수련 중에 받은 트랜스미션을 소화하고 흡수하는 데 도움을 줍니다.

트레이너는 수행 정도에 따라 선정하지 않습니다. 봉사하려는 의지와 하트풀니스 접근법에 관한 지식에 따라 선택합니다. 트레이너가 그들이 봉사하는 구도자보다 더 앞선 상태일 필요는 없습니다. 트레이너는 특정 봉사를 수행하는 자원봉사자로 다른 지원자들과 마찬가지로 매일 연습하고 다른 트레이너에게 정기적으로 교육을 받아야 합니다."

"영성 역사상 트랜스미션 능력을 부여받은 트레이너가 이렇게 많은 것은 전례 없는 일임을 말하고 싶습니다." 다지가 말했습니다.

"과거에 트랜스미션은 숨겨져 있었습니다. 완전히 불가해한 예술이었지요. 이제는 자유롭게 이용할 수 있습니다. 이전 시대에 트랜스미션이 숨겨져 있었던 것은 그 능력을 갖춘 사람들이 이기적이어서가 아닙니다. 오늘날 패러다임이 달라졌을 뿐입니다. 인류 진화 단계가 달라진 것입니다. 이 시대는 트랜스미션을 널리 퍼뜨리라고 요구합니다. 하트풀니스는 바로 그 요구를 충족하는 역할을 하고 있습니다. 모든 사람에게 봉사하는 것이 그 존재 이유입니다.

영적 봉사는 이타적이어야 합니다. 트랜스미션 비용을 청구한다는 것은 상상할 수도 없는 일입니다. 그건 신성 모독일 것입니다. 바부지께서는 자신이 모든 것을 공짜로 받았기에 자신도 가진 걸 모두 기꺼이 베풀었다고 하셨습니다. 신은 팔 수 없습니다. 그분은 값을 매길 수 없습니다. 만약 신에게 값을 매길 수 있다면, 그리고 당신에게 그 대가를 치를 여유가 있다면 왜 신이 필요하겠습니까? 누군가가 영적 봉사를 위해 돈을 내라고 한다면 이 질문을 하십시오.

제 꿈은 모든 영적 운동이 함께 연합해 트랜스미션의 혜택을 누리는 것입니다. 저는 언제나 사람들에게 자신의 종교 혹은 영적 전통을 버릴 필요가 없다고 말합니다. 트랜스미션은 모든 인류를 위한 것이기 때문입니다. 종교나 문화에 상관없이 트랜스미션으로 명상할 수 있습니다. 기독교도이든 이슬람교도이든 유대교도이든 불교도이든 상관없이 트랜스미션은 당신의 믿음을 강화합니다. 믿음은 우리 경험의 결과이며 트랜스미션은 경험을 줍니다.

그러나 우리가 트랜스미션을 아무리 높게 평가해도 트랜스미션은 개인의 직접적인 경험으로만 진정으로 이해할 수 있습니다. 말로는 절대 그 본질을 포착할 수 없습니다. 트랜스미션을 지적으로 이해하려는 시도는 복숭아 맛을 머리로 이해하려는 것과 같습니다. 복숭아를 먹어본 적 없는 사람에게 복숭아를 먹어본 경험을 전달할 수 있을까요? 복숭아의 모양, 색, 질감, 향은 설명할 수 있지만 먹어보기 전까지는 복숭아에 관해 아무것도 알 수 없습니다.

이런 이유로 저는 과학적 접근 방식을 채택하고 트랜스미션을 직접 테스트해볼 것을 제안합니다. 그것을 실험으로 만들어 보십시오.

예를 들어 제약회사의 임상실험에서는 참가자를 두 그룹으로 나눕니다. 연구진은 한 그룹에는 실제 약물을 투여하고, 대조군으로 지정한 다른 그룹에는 위약(효과가 없거나 유사한 약효가 약간 있는 물질)을 투여합니다. 이 과정을 거쳐 연구진은 신약의 효과를 평가합니다.

우리 실험에서는 트랜스미션 없는 명상이 위약군 혹은 대조군입니다. 먼저 우리는 트랜스미션 없이 명상함으로써 명상 자체의 효과를 경험합니다. 다음 단계는 하트풀니스 트레이너와 연결해 트랜스미션을 받으며 명상하는 것입니다. 트랜스미션 없이 명상한 다음 트랜스미션을 경험하며 명상하면 두 가지 경험을 비교할 수 있습니다.

저는 사람들이 제가 말한 트랜스미션 설명을 그대로 받아들이지 않기를 바랍니다. 직접 시도해보고 스스로 결론을 내리십시오."

2부

하트풀니스 수행
Practicing Heartfulness

3장

명상

Meditation

하트풀니스 수행법에서는 매일 정해진 시간과 장소에서 편 안히 앉아 가슴속 신성한 빛의 존재와 함께 명상합니다. 명상은 제게 매일매일 명료함, 홀가분함, 영감 그리고 내면의 기쁨을 느끼게 해주는 원천입니다. 15년 동안 거의 매일 명상했음에도 다지와 함께 나눈 대화는 제게 명상을 이해하는 새로운 차원을 열어주었고, 수행에 커다란 진전을 안겨주었습니다.

언제 어디에서 명상할 것인가
When and Where to Meditate

처음 하트풀니스 수행을 시작했을 때 저는 장소와 시간에 상관없이 그냥 하고 싶을 때마다 명상했습니다. 당시 저는 명상 시간이나 장소에 큰 의미를 두지 않았습니다. 그러다 나중에 삶이 더 바빠지면서 명상을 위한 스케줄을 짜야 했지요. 아무 때나 명상하는 것과 정해진 시간에 규칙적으로 명상하는 것의 차이는 놀라웠습니다. 얼마 지나지 않아 저는 명상 시간을 이른 아침 시간으로 옮겼습니다. 그런 뒤에야 제 명상 수행은 비로소 시작되었습니다!

몇 년이 지난 지금, 저는 다지가 이러한 경험의 이면에 있는 이유를 설명해주길 원했습니다.

"명상하기 가장 좋은 시간은 언제입니까?" 제가 물었습니다.

"바로 지금이지요." 그가 말했습니다.

"네, 그렇지요. 혹시 어떤 특정 시간이 다른 시간보다 더 좋습니까?" 제가 다시 질문했습니다.

"명상하기에 나쁜 시간도 있습니까? 알다시피 저는 이 문제에 어떤 견해를 밝히는 게 좀 망설여집니다. 이 주제와 관련해 어떠한 도그마도 만들고 싶지 않습니다. 괜한 말로 스스로 진리를 발견했을 때 느끼는 사람들의 기쁨을 앗아버릴 수도 있으니까요."

"옳은 말씀입니다. 그렇지만 몇 가지 좋은 모범을 알면 도움이 될 것 같습니다."

"오케이, 보스." 다지가 웃으며 말했습니다.

"글쎄요, 우리 스승들은 명상 시간에 관해 많은 지혜를 전수해주셨습니다. 아무튼 저는 실용적인 사람이므로 방해받을 가능성이 가장 적은 시간에 명상하라고 말하고 싶습니다! 워낙 바쁜 세상이라 언제나 가장 이상적인 시간에 명상하는 게 가능하기는 어렵습니다. 아이도 돌봐야 하고, 출근도 해야 하고, 그밖에 할 일이 수없이 많지요. 할 일이 너무 많아서 시간을 신중하게 선택해야 합니다. 한 가지 방법은 시간과 주의를 끌 만한 일이 많지 않은 이른 아침에 명상하는 것입니다. 물론 명상을 좋아한다면 무슨 일이 있어도 하겠지요.

진지한 명상가는 결코 '아, 오늘은 명상하기에 좋지 않아'라고 말하지 않습니다. 친구에게 '내가 편한 시간에만 만날 거야'라고 말하는 상황을 가정해봅시다. 이는 우정보다 자신의 편의가 더 중요하다는 의미입니다. 명상은 또 다른 종류의 만남입니다. 명상은 우리 안에 있는 친구인 참자아와의 성스러운 만남입니다."

"요즘 사람들은 너무 바쁩니다. 많은 사람이 명상할 시간이 없다고 말합니다." 제가 말했습니다.

"한 가지 일화가 떠오릅니다. 예전에 인도 정부의 고위 장관이 바부지를 만나러 왔습니다. 이 장관은 명상에 관심이 있지만 명상할 시간이 없다고 말했습니다. 바부지께서는 그에게 당신보다 더 바쁜 사람이 있느냐고 물었습니다. 장관이 말했습니다.

'네, 수상 각하가 저보다 더 바쁩니다.'

당시 인도 수상은 인디라 간디였습니다. 바부지께서는 '그럼 수상이 바쁜 것과 당신이 바쁜 것의 차이를 말해보고 그만큼의 시간을 명상에 할애해보십시오'라고 대답했습니다. 정말로 명상이 우선순위였다면 그는 바쁘다고 불평하지 않았을 겁니다. 그냥 시간을 만들었겠지요. 제게 명상을 가르쳐준 여성은 명상을 향한 열정이 대단했습니다. 그런데 그녀는 가족의 반대에 부딪혔습니다. 그것도 아주 격렬하게 반대했지요! 과연 그녀는 어떻게 대처했을까요? 그녀는 매일 다른 사람보다 먼저 일어나 침대에서 여전히 자는 척하며 명상했습니다. 때로는 화장실에 가는 척하며 명상하기도 했습니다. 그녀의 삶은 명상을 중심으로 짜였습니다. 무언가에 열정이 있으면 방법은 항상 찾을 수 있습니다. '사랑은 자물쇠도 열 수 있다'라는 속담이 있는 것처럼 말입니다.

바쁜 사람들도 명상이 삶에서 많은 지름길을 제공한다는 것을 이해해야 합니다. 우리는 다양한 노력에 많은 시간과 에너지를 투자합니다. 때론 결실을 거두지만 그렇지 않을 때도 있지요. 예를 들어 몇 년 동안 연인에게 구애했어도 상대방이 사랑을 받아주지 않아 헤어지기도 합니다. 비즈니스 관계를 쌓기 위해 많은 시간을 투자했지만 결국 결실을 거두지 못할 수도 있습니다. 이러한 현실을 처음부터 알았다면 더 좋지 않았을까요? 명상하면 우리는 현실을 있는 그대로 파악하는 통찰력을 얻을 수 있습니다. 수년간의 시간을 절약할 수 있지요.

명상은 엄청난 시간 절약 효과가 있습니다. 심지어 시간이 없으면 명상의 가치는 그만큼 더 커집니다. 매일 정해진 시간에 5분이라도 명상한다면 큰 도움을 받을 것입니다. 그러니 특히 시간이 없고 바쁠 때 명상하십시오!"

"그러니까 정해진 시간에 명상하는 것이 좋다는 말씀이군요." 제가 말했습니다.

"우리는 명상 수행을 저절로 해야 합니다. 이는 몇 시가 되었든 매일 같은 시간에 같은 장소에서 명상해야 한다는 말입니다. 명상하는 것이 제2의 본능으로 자리 잡아야 합니다. 생각할 필요 없이 자동으로 이뤄져야 합니다."

"이러한 규칙성이 왜 그렇게 중요한 겁니까?" 제가 물었습니다.

"자연이 어떤지 보십시오. 자연에는 변함없는 리듬이 있습니다. 해가 뜨고 지고, 계절이 바뀌고, 바닷물이 밀려오고 밀려갑니다. 이 모든 것은 절대적인 정확성, 절대적인 리듬, 완전한 규칙성 아래 일어납니다. 우리 삶도 이러한 리듬의 지배를 받습니다. 우리가 그 리듬과 조화를 이룰 때 우리는 순조롭게 살아 갑니다. 그렇지 않으면 물살을 거슬러 헤엄치는 것과 같습니다. 우리는 고군분투할 수밖에 없습니다.

수면 주기를 예로 들어봅시다. 매일 밤 같은 시간에 잠자리에 들면 머리가 베개에 닿자마자 잠들 수 있습니다. 잠드는 데 어려움을 겪지 않습니다. 마찬가지로 매일 같은 시간에 명상하면 명상이 저절로 됩니다. 아주 자연스럽게 명상이 되지요. 깊은 명상을 하기 위해 노력할 필요가 없습니다.

우리의 선지자들은 하루 중 특정 시간이 명상에 특히 도움을 준다는 사실도 발견했습니다. 그들은 이 시간대를 산드야 sandhyas 또는 접속conjuction이라고 불렀습니다. 하루의 한 부분이 다른 한 부분과 만나는 순간이기 때문입니다. 이 순간에 자연은 균형 상태에 도달합니다. 그 균형의 순간에 명상하면 우리는 균형 상태를 우리 내면으로 흡수합니다. 그것이 우리 본성의 일부가 되는 것이지요. 이러한 교차점은 해뜨기 전, 정오 그리고 해가 질 무렵입니다. 제 경우에는 정오가 가장 좋습니다. 마치 로켓처럼 작동한답니다!"

"태양의 정오를 말하는 것인가요, 아니면 시계에 따른 정오를 말하는 것인가요?" 제가 물었습니다.

"정오 말입니다!" 다지가 웃으며 말했습니다.

"저는 명상이 해뜨기 전에 훨씬 잘됩니다." 제가 말했습니다.

"그래서 제가 사람들에게 명상 시간대를 직접 테스트해보라고 권하는 것입니다. 동트기 전에 명상해보십시오. 정오에도 명상해보시고요. 차이가 있습니까? 이제 완전히 다른 시간에 명상했을 때의 효과와 비교해보십시오. 자신에게 가장 좋은 시간대를 찾아야 합니다.

그렇다고 너무 엄격하게 생각하지는 마십시오. 예를 들어 밤이 6개월 동안 이어지고 또 낮이 6개월 동안 이어지는 극지방에 산다면 어떻게 새벽에 명상할 수 있겠습니까? 아니면 해가 너무 일찍 뜨고 늦게 지는 스칸디나비아 지역에서는 어떻게 명상할 수 있을까요? 가장 중요한 것은 규칙성입니다. 추천 시간대 중 하나에 명상하는 것이 이상적이지만, 일단은 정해진 시간에 규칙적으로 하는 게 먼저입니다.

정해진 시간에 하는 것만큼이나 고정적인 명상 장소를 마련하는 것도 중요합니다. 가령 부엌에 들어가면 음식 생각이 납니다. 배가 고프지 않아도 간식을 먹고 싶지요. 방 하나를 명상 전용으로 사용한다면 어떨까요? 명상 자리에 앉았을 때 이미 거의 명상하고 있을 겁니다. 반면 매일 다른 장소에서 명상하면 익숙해지려 노력하는 데 시간을 소비하고 맙니다. 그러다 보면 매일 같은 장소에서 명상할 때처럼 깊이 들어가기가 어렵습니다.

또한 우리의 생각과 감정, 활동은 공기 중에 흔적을 남깁니다. 우리가 어떤 장소에 들어갈 때 우리는 그 장소의 느낌에 공명합니다. 한 예로 병원에 가면 병원만의 어떤 효과를 즉시 느낍니다. 무언가 남아있는 슬픔이 느껴집니다. 주위가 무겁게 느껴지기도 합니다. 공중에 떠다니는 근심과 걱정이 있기 때문입니다.

오래전 저는 뉴욕에 새로운 약국을 오픈하려 했습니다. 직원 중 한 명이 좋은 위치를 물색해 찾았습니다. 병원 바로 옆이었지요. 일반적인 약국 입지로는 꽤 좋은 곳입니다. 약국 주인은 약국을 저렴한 가격에 팔려고 했습니다. 실제로 가보기 전에는 저도 바로 매입하려고 했습니다. 그런데 직접 보러 갔을 때, 그곳에 들어가자마자 뭔가가 잘못되었다는 느낌이 들었습니다. 약국을 둘러보던 중 저는 잠깐 화장실에 갔습니다. 그곳에 들어가는 순간 분위기가 심상치 않다는 것을 느꼈습니다. 왠지 모르게 무력감과 엄청난 슬픔이 다가왔지요. 그 공간에 마치 영혼이 떠돌고 있는 것 같아 저는 그냥 돌아서서 나왔습니다. 그곳을 나오는 순간에도 저는 도움을 청하는 외침이라고밖에 달리 설명할 수 없는 무언가에 사로잡혔습니다. 나중에 저는 직원에게 그곳에서 무슨 일이 있었는지 알아보라고 부탁했습니다. 알고 보니 그곳은 최근 살인 사건이 발생한 현장이었습니다.

생각과 행동의 영향은 한 장소에 오래 남습니다. 우리가 한 장소에서 명상을 반복하면 그곳에 특별한 분위기, 즉 명상적인 분위기가 만들어집니다. 그런 분위기에는 평화와 성스러움이 가득합니다. 이는 가볍고 오묘하며 순수하지요. 실제로 그곳은 거룩한 장소가 됩니다. 알고 보면 모든 장소는 거룩합니다! 우리가 우리 생각이나 감정, 활동 등으로 그곳을 오염시키기 전까지 모든 분위기는 신성합니다. 이것이 우리가 명상하는 장소에서는 다른 활동을 하지 않아야 하는 이유입니다."

"모든 사람이 명상을 위해 방 하나 전체를 할애할 수는 없습니다." 제가 말했습니다.

"항상 같은 자리에서 낮잠을 자는 고양이처럼 방의 한쪽 구석만 명상에 할애할 수도 있습니다." 다지가 대답했습니다.

"이상적인 시간이 있듯 명상하기에 이상적인 장소도 있을까요?" 제가 물었습니다.

"수행을 방해하지 않는 환경을 선택하십시오. 예를 들어 주의를 산만하게 만드는 것으로 가득 찬 환경을 원하진 않겠지요. 주변이 혼란스러우면 의식도 좋지 않은 그 상태를 반영합니다. 내면의 불안과 혼돈은 외부가 혼란스러울 때 더 심해지는 경향이 있습니다. 어수선하거나 지저분한 방에 앉아있으면 영향을 받습니다. 옷이 사방에 흩어져 있고, 책이 펼쳐져 있고, 싱크대에 더러운 접시가 쌓여있으면 명상을 얼마나 잘할 수 있을까요? 여유롭고 개방적인 환경이 가장 좋습니다. 명상 공간에는 앉을 의자나 매트만 있는 것이 이상적입니다. 명상은 내면 활동이라는 점을 염두에 두고 외부 환경이 명상에 도움을 주게 해야 합니다. 주변 환경에 우리의 주의를 바깥으로 끌어당기는 요소가 없어야 하지요. 물론 명상이 발전을 거듭할수록 주변 환경에 영향을 받지 않는 능력도 발달합니다. 예를 들어 처음에는 어떤 것이 명상을 방해하면 우리는 화가 납니다. 그러나 시간이 지나면 외부의 방해 요소는 우리를 더 깊은 내면으로 빠져들게 만듭니다.

시간과 장소만 명상에 영향을 미치는 건 아닙니다. 우리는 매일 수많은 영향에 노출됩니다. 그러한 노출은 우리 기분에 영향을 미칩니다. '오늘은 왜 기분이 우울할까?' 주변 환경, 만남, 꾸었던 꿈, 먹은 음식, 건강 상태 등 다양한 상호작용이 기분에 영향을 미치기도 합니다. 또 정신없는 하루를 보내고 나면 그 영향을 받지 않을 수 없습니다. 그 시간에 집에 돌아와 명상하면 가령 아침 일찍 명상할 때처럼 명상이 쉽지 않을 수 있습니다. 이른 아침에는 아직 어떤 것도 당신에게 영향을 미칠 수 없지요. 당신은 깨끗한 백지상태입니다.

그래서 저는 사람들이 이 모든 것을 스스로 테스트해보길 바랍니다. 식사 전에도 명상해보고, 식사 후에도 명상해보십시오. 차이를 발견했나요? 목욕하기 전에 명상해보십시오. 목욕하고 나서도 명상해보십시오. 그 효과가 다른가요? 사람들은 이 문제를 두고 많은 논의를 했고 글도 많이 썼습니다. 어떤 사람은 목욕 후에만 명상해야 한다고 말합니다. 그러면 얼굴에 물을 조금 뿌린 뒤 명상하는 것은 어떨까요? 그것으로 충분할까요? 이런저런 방법들을 시도해서 직접 확인해보길 바랍니다. 당신은 올바른 결론에 도달할 수 있을 것입니다."

명상 자세 The Meditative Posture

하트풀니스 명상을 접하기 전 저는 몇 가지 다른 명상 방법을 실험해보았습니다. 그들의 차이점이 무엇이든 모두 한 가지는 공통적이었습니다. 하나같이 모두 자세를 매우 중요하게 여겼다는 점입니다. 명상 수행 초기에 저는 명상 자세를 제대로 익혀야 심오한 명상에 도달할 수 있을 거라고 판단했습니다. 그래서 자세에 많은 에너지와 주의를 기울였습니다. 언젠가 자세가 제2의 본능으로 자리 잡아 자세를 따로 생각하지 않아도 될 날이 오기를 고대하기도 했습니다.

처음 하트풀니스 트레이너와 명상을 시작하면서 어떤 자세를 취해야 하는지 물어본 적이 있습니다. 트레이너는 저를 바라보며 "편안하게 앉으면 됩니다!"라고 말했습니다. 저는 조금 놀랐습니다. 그 후 하트풀니스 명상을 하는 현지 명상가들을 만났습니다. 그곳에서 저는 또다시 놀랐습니다. 그들 중 특정 자세를 엄격하게 고수하는 사람은 없었습니다. 많은 사람이 다리를 꼬고 바닥에 앉았습니다. 의자에 앉기도 했습니다. 누구도 경직되어 보이지 않았습니다. 모두가 자신에게 자연스러운 자세로 앉아있었습니다. 이후로 저는 하트풀니스 명상가가 자세 이야기를 하는 것을 거의 보지 못했습니다. 그래서 저는 다지에게 이 주제를 꺼내기로 결심했습니다.

"이상적인 명상 자세는 어떤 것인가요?" 제가 물었습니다.

"자세는 명상을 하는 더 큰 목적의 맥락에서 살펴봐야 합니다. 명상할 때 우리는 무엇을 합니까? 우리는 내면으로 들어갑니다. 우리 존재의 핵심을 향해 나아갑니다. 깊은 명상 속에서 우리는 우리의 근원과 접촉합니다. 그 안에 녹아들고, 그 안에 섞이고, 그 안에 합쳐지면서 우리는 그것과 하나가 됩니다. 이 합일은 요가의 진정한 상태를 나타냅니다. 이것은 우리가 출발한 근원으로 돌아가는 겁니다. 따라서 요가는 소멸dissolution의 원리를 나타냅니다. 이는 우리가 창조되기 이전, 즉 모든 것이 특이점singularity으로 수렴하던 그 순간으로 돌아가는 것입니다. 그 특이점에서는 아무런 활동도 없었습니다. 그렇기에 요가 상태는 완벽한 평온과 내면의 고요함 상태입니다.

삶에서 우리는 그 반대의 또 다른 움직임도 발견합니다. 그것은 우리를 중심에서 바깥쪽으로 끌어당기는 움직임입니다. 그 바깥쪽으로의 움직임은 창조의 원리, 즉 활동적인 원리를 나타냅니다.

그러나 우리는 창조의 순간이 곧 분리의 순간임을 이해해야 합니다. 우리가 우리의 근원에서 분리되는 순간입니다. 가령 엄마가 아기를 낳을 때 어떤 일이 일어나나요? 그것은 창조적 행동이지만 동시에 분리의 순간이기도 합니다. 이전에 엄마와 아기는 하나였습니다. 엄마가 먹으면 아기도 먹었습니다. 두 존재는 서로 얽혀있었습니다. 그렇지만 아기가 태어난 후 두 존재는 서로 다른 개체가 되었습니다. 하나가 둘이 된 것입니다.

마찬가지로 영혼 창조는 영혼이 그 근원과 분리되는 순간입니다. 처음으로 하나됨이 사라집니다. 처음으로 우리는 불완전함을 경험합니다. 우리는 불만족을 경험합니다. 어떤 신학에서는 이것을 '타락'이라고 표현합니다. 명상으로 우리는 그 하나됨과 고요함 상태로 다시 들어갑니다. 그렇게 우리의 고유성과 보편성을 되찾습니다.

많은 사람이 우리가 죽음 이후에야 근원으로 돌아갈 수 있다고 믿습니다. 우리가 근원으로 돌아가는 유일한 방법은 시간을 거슬러 올라가는 것이라고 말하는 논리도 있습니다! 둘 다 사실이 아닙니다. 우리는 명상으로 살아있는 동안 지금 여기에서 그 위대한 합일을 이룰 수 있습니다. 요가를 마스터한다는 것은 죽음과 시간의 한계를 초월하는 것입니다. 요가 상태에서 우리는 생성과 소멸 원리를 동시에 표현합니다. 우리는 그 이원성을 넘어섭니다. 우리는 활동적인 동시에 비활동적이고 시간에 얽매이는 동시에 영원합니다.

이는 깊은 명상에서 나옵니다. 자세가 이 모든 것과 무슨 상관이 있는지 궁금할 수도 있습니다! 하지만 깊은 명상 상태는 자세에서 출발합니다. 명상 자세는 우리가 내면으로 향하고 중심을 향해 나아가는 데 도움을 줄 수 있습니다. 그렇지 않으면 방해할 수 있습니다.

우리는 이미 파탄잘리의 《요가수트라》에서 설명하는 여덟 단계 중 몇 가지를 이야기했습니다. 마지막 네 단계인 프라티아하라, 다라나, 디야나, 사마디는 우리가 깊은 명상에 빠져드는 과정을 설명합니다. 내면으로 향하는 프라티아하라에서 다라나와 디야나를 거쳐 가슴에서 안식을 취하는 사마디로 나아가지요. 마지막으로 우리는 근원과 하나가 되기 시작하는 사마디에 들어갑니다.

파탄잘리의 세 번째 단계는 '자세'를 의미하는 아사나입니다. 최고의 아사나를 선택하려면 어떤 자세가 프라티아하라, 다라나, 디야나, 사마디로 가장 잘 이끌어줄지 고려해야 합니다. 명상에서 가장 먼저 하는 일은 자기 내면으로 향하는 것입니다. 이것이 바로 프라티아하라입니다. 우리의 신체 자세는 여기에 도움을 줄 수 있습니다. 눈을 크게 뜨고, 몸을 벌리고, 다리를 앞으로 쭉 뻗은 자세는 내면으로 들어가는 데 도움을 주지 않습니다. 이런 자세는 더 외향적인 방향성에 적합합니다. 프라티아하라를 달성하려면 우리 신체는 안으로 모으는 형태를 취해야 합니다.

물론 이것은 개개인의 경험 문제입니다. 그러니 두 가지 방법을 모두 시도해보십시오. 팔과 다리를 쭉 펴고 명상해보고, 팔과 다리를 접고도 명상해보십시오. 그리고 그 차이를 직접 확인해보십시오."

"이미 실험해본 적 있습니다." 제가 말했습니다.

"무엇을 발견했습니까?"

"말씀하신 대로입니다. 팔다리를 쭉 뻗은 상태에서는 내면으로 들어가기가 더 어려웠습니다."

"그래서 명상할 때 전통 자세는 다리를 접고 앉은 자세입니다. 손의 위치도 중요합니다. 이상적인 것은 양손을 깍지 낀 채 포개놓는 것입니다. 한 손을 다른 손 위에 올려놓을 수도 있습니다. 그리고 눈을 감고 명상합니다."

"어떤 수행법에서는 눈을 뜨고 명상하더군요."

"고대 문헌에서는 감각을 인식이 통과하는 문으로 묘사하고 있습니다. 시각은 가장 두드러진 감각입니다. 우리는 눈에 보이는 것에 집중하는 경향이 있어서 시각의 문을 닫는 것은 인식의 방향을 내면으로 돌리는 데 도움을 줍니다. 바로 이것이 프라티아하라입니다. 우리는 아사나와 프라티아하라에서 나머지 단계인 다라나, 디야나, 사마디로 나아갑니다.

사마디에서 우리는 근원과의 합일 상태에 들어갑니다. 근원에서 우리는 미묘한 에너지의 흐름을 끌어옵니다. 팔다리를 접고 앉음으로써 우리는 일종의 회로를 형성합니다. 이 회로로 에너지가 우리 몸 전체에 흐릅니다. 에너지는 팔다리에서 팔다리 사이를 통과하며 순환하고 또 순환합니다. 팔다리가 서로 접촉하지 않으면 회로가 끊어지고 에너지가 빠져나가 낭비하고 맙니다."

"근원이 무한하다면 약간의 에너지를 낭비한다고 해서 무슨 문제가 되겠습니까?" 제가 물었습니다.

"알다시피 저는 (하트풀니스 전통의 세 번째 구루인) 차리지와 개인적으로 대화를 나눈 적이 있습니다. 그는 '캄레시, 원하는 만큼 돈을 벌어라. 마음껏 벌어라. 다만 현명하게 써라!'라고 하셨습니다. 차리지의 말에는 숨겨진 질문이 담겨있습니다. 돈을 현명하게 쓸 수 있으면 왜 그렇게 많은 돈이 필요할까요? 당신이 자원을 진정 소중히 여긴다면 자원을 최대한 잘 활용하고 싶을 겁니다. 그래서 당신은 그것을 아껴 씁니다. 명상에서 우리가 받는 것은 가장 높은 차원의 것입니다. 그것은 신성의 정수입니다! 우리는 그것을 낭비하길 원치 않습니다. 진정한 감사 형태는 받은 것을 잘 활용하는 겁니다. 자세는 사소한 것처럼 보일 수 있으나 이 점에서 우리와 근원의 관계를 공고히 합니다.

물론 다리를 접고 앉을 수 없더라도 걱정하지 마십시오. 괜찮습니다. 그런 경우 발을 바닥에 대고 의자에 앉으십시오. 이때는 발목에서 발을 서로 교차하십시오. 그러면 어느 정도 다리를 꼬는 효과를 유지할 수 있습니다. 만약 무릎이 좋지 않다면 시도하지 마십시오. 대신 발아래에 작은 매트를 깔아두십시오. 비전도성 소재로 만든 매트라면 에너지 유출을 방지하는 데 도움을 줄 것입니다."

　"이런 건 전혀 몰랐습니다." 제가 말했습니다.

　"고대인은 동물 가죽으로 명상하는 경향이 있었습니다. 피부는 비전도성이기 때문입니다. 그러나 다른 소재도 마찬가지로 좋습니다. 모직이나 비단으로 덮인 천이 더 편하다면 그 위에 앉을 수도 있습니다. 나무판자, 카펫, 쿠션도 괜찮습니다."

　"소파는 어떤가요?"

　"네, 소파나 의자도 괜찮습니다. 소재가 비전도성이기만 하다면 상관없습니다."

　"명상할 때 등받이 같은 것을 사용해도 괜찮습니까?"

　"네. 많은 사람이 등받이를 사용해서 앉아도 명상을 잘합니다. 하지만 명상할 때 머리를 받치는 자세는 반드시 피해야 합니다. 그러면 바로 잠들 수 있습니다. 마찬가지로 명상을 누워서 하는 것도 피해야 합니다.

　만약 불면증으로 고통받고 있다면 와선은 치료법이 될 수도 있습니다. 침대에 누워 명상을 시작하십시오. 곧바로 잠이 들 것입니다!

자, 우리는 아직 자세의 가장 중요한 측면이라고 생각하는 것을 이야기하지 않았습니다. 자세가 명상을 방해해서는 안 됩니다. 자세가 명상을 방해한다면 이는 명상의 목적에 어긋나는 일입니다. 방금 제가 다리를 꼬는 자세를 이상적이라고 말했는데, 이 자세가 당신에게도 이상적일까요? 몸은 사람마다 다 다릅니다. 어떤 사람은 바닥에 앉는 것을 선호하는 반면, 어떤 사람은 의자 없이는 앉을 수 없습니다. 이처럼 신체에 차이가 있으므로 획일성을 기대해서는 안 됩니다. 모든 사람이 명상할 때 같은 자세를 취하길 기대할 수는 없습니다. 다리를 꼬는 자세가 어떤 사람에게는 효과적이지만 다른 사람은 그렇게 하기가 어려울 수 있습니다. 자신에게 맞지 않는 자세가 있다면 억지로 그 자세를 취하지 마십시오. 이는 히포크라테스 선서인 '첫째, 해를 끼치지 말라'와 같습니다. 사실 파탄잘리도 똑같은 말을 한 것 같습니다. '스티라 수캄 아사남Sthira sukham asanam.' 이 말은 자세는 안정적이고 편안해야 한다는 뜻입니다.

파탄잘리는 완전한 연꽃 자세로 앉아야 한다고 말하지 않았습니다. 바닥에 앉아야 한다고 말하지도 않았습니다. 단지 '자세를 안정적이고 편안하게 하라'라고 했을 뿐입니다. 왜 안정적이어야 할까요? 계속 자세를 바꾸느라 안절부절못하면 명상할 수 없기 때문입니다. 명상에는 신체적 안정이 필요합니다.

어떻게 하면 신체를 안정적으로 유지할 수 있을까요? 여기에는 두 가지 방법이 있습니다. 첫 번째는 억지로 하는 방법입니다. 물론 이 방법은 추천하고 싶지 않습니다! 그러나 대단히 노력한다면 몸의 통증 신호를 무시하고 억지로 가만히 있게 하는 것도 가능합니다. 당연히 많이 아플 테고 심지어 다칠 수도 있습니다. 그렇지만 당신은 바위처럼 굳건할 것입니다. 이때 마음도 바위처럼 굳건할까요? 아마 몸의 통증과 불편한 감각으로 바쁠 것입니다. 그러면 바로 그것이 생각의 대상이 됩니다. 이 방식은 몸과 싸우는 동시에 마음이 명상하는 것을 방해하게 합니다.

언제 몸과 마음이 모두 안정적일까요? 이것은 당신이 편안할 때만 가능합니다. 이것이 두 번째 방법, 즉 파탄잘리의 방법입니다. 편안하지 않으면 안절부절못하고 맙니다. 또 자세를 이리저리 바꾸며 계속해서 편안함을 찾습니다. 그러면 안정감이 없습니다. 반면 편안하면 움직일 이유가 없습니다. 몸은 움직이고 싶어 하지 않습니다. 당신은 당신이 있는 곳에서 그대로 괜찮습니다. 이럴 때 몸은 당신을 방해하지 않습니다.

그와 동시에 지나친 편안함은 피해야 합니다. 그것 역시 우리의 주의를 몸에 묶어놓습니다. 그렇다고 우리가 몸에 대항하는 것은 아닙니다. 사실 몸은 우리가 의식 속으로 더 깊이 들어가는 도약판이므로 우리는 몸에 정말 감사해야 합니다. 그러나 우리는 뛰어내리려는 것이지 보드에 매달려 있으려는 게 아니므로 주의가 너무 몸으로 가게 하는 양극단은 피해야 합니다. '중용'이 우리의 좌우명이어야 합니다. 명상하는 동안 너무 불편하거나 너무 편한 두 경우는 모두 피하는 것이 바람직합니다.

이제 파탄잘리의 다음 구절로 넘어갑시다. '프라야트나 사이틸리얀안타 사마파티Prayatna saithilyananta samapattibhyam.' 이것은 이완과 명상을 위한 끊임없는 노력으로 자세가 숙달된다는 말입니다.

이걸 이해해봅시다. 무언가를 마스터한다는 것은 무슨 의미일까요? 어떤 것을 마스터하면 그것은 제2의 본성이 됩니다. 우리는 그것을 생각할 필요가 없습니다. 그것을 위해 노력할 필요도 없습니다. 숙달된다는 것은 노력하거나 애쓸 필요가 없다는 뜻입니다. 자세를 취하고자 노력해야 한다면 아직 숙달되지 않은 것이고, 숙달될 때까지는 자세의 노예로 남습니다. 그러니 너무 많은 에너지와 주의가 필요한 어려운 자세로 수련하지 맙시다. 오히려 산만해져 명상에 방해만 받을 뿐입니다. 자세가 편안할 때 우리는 비로소 명상의 진정한 대상, 즉 파탄잘리가 말한 '무한함the endless'으로 주의를 돌릴 수 있습니다.

사마디 상태에서는 자기 내면으로 깊이 빠져들기 때문에 몸을 인지하지 못합니다. 그러면 머리가 아래로 떨어집니다. 몸이 앞으로 쓰러질 수도 있습니다. 몸을 완전히 잊고 그 망각 속에서 몸을 초월하는 것입니다. 그런 후에야 비로소 자세를 진정 마스터했다고 말할 수 있습니다. 이 과정은 자연스럽게 일어나야 합니다."

"일부러 고꾸라지지는 않아요." 제가 말했습니다.

"그랬다면 그건 인위적인 것입니다. 그러기보다 편안하게 이완한 상태에서 똑바로 앉아 명상을 시작해야 합니다. 명상에 더 깊이 들어가면 자세를 인식하지 않게 되지만 괜찮습니다. 어쨌든 이것은 명상이지 체조가 아닙니다!"

이완 Relaxation

이완법은 하트풀니스의 세 가지 핵심 수행법을 보완해줍니다. 세 가지 수행법에 비하면 이완법은 현대 들어 추가한 방법입니다. 나아가 이완법은 신체 이완이 주된 목적이기 때문에 엄밀히 말해 영적 수행법은 아닙니다. 그러나 신체 이완은 정신과 정서를 평온하게 해주어 더 깊은 명상을 하도록 도와줍니다. 이런 이유로 우리는 종종 명상 직전에 이완법을 사용합니다. 이것은 우리의 취향에 따라 간단히 스트레스 해소를 위해 단독으로 활용할 수도 있습니다.

저는 이완법을 처음 소개받았을 때를 생생하게 기억합니다. 사무실에서 다지와 함께 앉아있었는데, 다지가 제게로 몸을 돌리더니 "어떻게 이완하는지 보여줄게요"라고 했지요. 그는 이완법 단계를 하나하나 안내했고 각 단계 사이사이 잠시 멈춰 몸이 효과를 느끼도록 했습니다.

그가 말을 마쳤을 때 저는 단 하나의 근육도 움직이고 싶지 않을 만큼 평온한 고요함을 느꼈습니다. 눈을 뜨고 싶지 않았습니다. 아무 생각도 하고 싶지 않았습니다. 사실 그 이완 상태가 어찌나 심오한지 마치 명상하고 있는 것 같았습니다.

그로부터 1년 후, 이제 우리는 하트풀니스 수행에 이완법을 추가한 이유를 놓고 이야기를 나눴습니다. 다지가 말했습니다.

"과거에는 사람들이 더 쉽게 이완할 수 있었습니다. 그때는 라이프스타일이 지금과 달랐지요. 요즘 사람들은 의식적으로 긴장을 풀어야 합니다. 우리가 어떤 상태에 있는지 보세요. 이제 우리는 애쓰지 않기 위해 애를 써야 합니다!

애쓰지 않는 것은 명상에 꼭 필요한 일입니다. 그런데 우리는 육체적으로도, 정신적으로도 모두 노력하는 경향이 있습니다. 명상하며 앉아있을 때 우리는 끊임없이 자신을 조정합니다. 몸과 생각, 인식을 조정하지요. 또 계속 되풀이해서 불안정한 의식을 안정시키려고 합니다. 이렇게 움직이면서 과연 쉴 수 있을까요?"

"더욱 불안정해질 뿐이지요. 안정을 찾으려는 노력이 오히려 그 반대의 결과를 낳습니다." 제가 말했습니다.

"그러고 나면 우리는 긴장합니다. 스트레스도 받습니다. 저는 당신에게 애쓰지 말라고 말할 수 있습니다. 저는 당신에게 마음을 열고, 강요하지 말고, 집착하지 말라고 말할 수 있습니다. 당신은 동의할 겁니다. '네'라고 말하겠지요. '저는 명상을 위해 너무 노력하지 않겠습니다. 아무것도 기대하지 않고, 아무것도 요구하지 않겠습니다.' 그런데 실제로 명상에 들어가면 어떤 일이 벌어지나요?"

그는 잠시 말을 멈추고 질문을 음미하게 했습니다.

"옛날에 히말라야 산기슭에 사는 한 소년이 있었습니다. 어느 날 아침 잠에서 깨어난 소년은 하늘을 날고 있는 요기를 보았습니다. 그 작은 소년은 감탄했습니다. 하늘을 나는 요기를 생각하면 할수록 자신도 그처럼 하늘을 날고 싶었습니다. 소년은 그를 찾기로 결심했습니다. 그는 작은 가방에 짐을 싸서 아침 일찍 떠났습니다. 여기저기 물어보고 몇 군데 길을 잘못 든 끝에 마을 사람들이 그를 한 남자의 오두막으로 안내했습니다. 소년은 '선생님처럼 날고 싶습니다'라고 말했습니다.

요기는 '그래, 안 될 것 없지. 네게 가르쳐주마. 그런데 그 전에 내 옆에서 시중을 들며 오랫동안 나와 함께 지내야 할 것이야. 네가 열다섯 살이 되는 해의 첫 보름달이 뜨는 날, 하늘을 나는 법을 가르쳐주겠다'라고 말했습니다.

소년은 요기 옆에 머물렀습니다. 우물에서 물을 길어오고, 장작을 모으고, 요기의 모든 식사를 요리했지만 전혀 힘들지 않았습니다. 곧 하늘을 날 수 있다는 생각에 한껏 흥분하고 있었지요.

마침내 그날이 왔습니다. 기쁨에 가득 찬 소년은 스승의 방으로 들어갔습니다. '오늘 밤 보름달이 뜹니다, 스승님. 어떻게 하늘을 나는지 알려주세요.' '물론이지, 내가 도와주마.' 요기가 말했습니다. '오늘 밤 자정에 명상을 하되 무슨 일이 있어도 원숭이를 생각하지 마라. 원숭이들이 네 마음속에 뛰어들고, 춤을 추고, 널 공격하려 할지도 모르지만 원숭이는 생각하지 마라. 그러면 가르침이 네게 올 것이다.'

소년은 '아, 아주 간단하네요. 할 수 있습니다. 원숭이를 생각하면 안 된다는 거지요'라고 말했습니다.

자정이 되자 소년은 지붕 위에 앉아 눈을 감았습니다. 그러자마자 원숭이가 머릿속에 떠올랐어요! 그는 '원숭이를 떠올리면 안 되는데!' 하고 생각했습니다. 소년은 원숭이를 생각하지 않으려고 애썼지만 원숭이가 계속 떠올랐습니다. 그는 밤새도록 원숭이와 싸웠어요. 아침이 되자 그는 요기에게 돌아가 '이 방법은 엉터리예요. 원숭이 말씀은 아예 하지 않으셨어야죠!'라고 말했습니다.

아시겠습니까? 소년은 원숭이를 생각하지 않는 데 너무 집중하는 바람에 하늘을 날겠다는 꿈을 잃은 것입니다. 원숭이를 생각하지 않으려다 보니 가르침 대신 원숭이가 찾아온 거지요. 무언가를 하지 않으려고 노력하는 것은 비생산적입니다. 어떻게든 의식적으로 노력을 중단한다 해도 잠재의식에서는 여전히 노력합니다. 무의식적인 노력을 하는 것입니다. 당신은 스스로를 도울 수 없습니다! 알다시피 노력은 멈추기 어렵습니다. 스스로를 노력하지 않는 상태로 만들려면 최대한 노력해야 합니다. 이는 비생산적입니다."

"왜 우리는 그처럼 본능적으로 노력하는 걸까요?" 제가 물었습니다.

"노력은 우리의 원초적 불안 상태에 뿌리를 두고 있습니다. 그것은 원래의 상태로 돌아가 근원과 하나가 되려는 영혼의 내재적 욕구에 기반합니다. 이것이 그 불안의 실체이자 우리를 영적 구도자로 만드는 것입니다. 그 모든 불안 속에서 당신은 무언가를 찾고 있습니다. 당신은 현재 순간에 느끼는 불만족과 불안에서 벗어나려고 노력합니다. 나아가 다음 순간에는 만족과 평화가 찾아오기를 희망합니다. 그러는 한편 당신은 현재의 불안한 상태로 이끈 과거를 반복하는 것을 두려워합니다. 이 모든 것 속에서 당신은 지금 이 순간의 무한한 가능성을 놓치고 있습니다. 평온함을 느끼지 않지요. 영감도 떠오르지 않습니다.

우리는 만족할 때만 노력을 멈춥니다. 그런데 우리는 마침내 노력을 내려놓을 때만 만족합니다!"

"역설적이군요." 제가 말했습니다.

"딜레마입니다. 평범한 세상에서 우리는 어떤 결과를 얻기 위해 노력하는 데 익숙해져 있습니다. 사실 노력 없이는 결과가 나오지 않습니다. 배고픈 사람은 일단 음식을 먹어야 음식 찾기를 멈출 수 있습니다. 금식은 그들의 배를 채워주지 못합니다. 그러나 영성 세계에서는 다른 법칙을 적용합니다. 영성에서는 배고픔을 내려놓는 행동이 배를 채우는 유일한 길입니다. 진정한 참의 상태는 우리가 추구하는 것, 노력하는 것, 자기 자신을 포함한 모든 것을 내려놓을 때 나타납니다. 그러면 참자아가 초월적 아름다움, 즉 진정한 아름다움으로 드러납니다. 찾기를 내려놓으면 추구하는 것을 찾는 길이 열립니다. 자신을 내려놓을 때 당신은 당신이 갈구하던 바로 그 존재가 됩니다."

다지는 잠시 말을 멈추었습니다.

"모든 노력을 내려놓는다는 것이 명상을 그만둔다는 뜻은 아닙니다! 오히려 더 많이 명상해야 합니다. 찾는 것을 내려놓으라는 건 명상할 때 무언가를 기대하거나 찾으려는 태도를 내려놓으라는 뜻일 뿐입니다. 애쓰거나 억지로 하려는 마음을 버리는 것입니다. 무엇이든 성취하려면 행동이 필요합니다."

"그 행동이 카르마 요가의 핵심 요소지요." 제가 말했습니다.

"그렇습니다. 그래서 우리는 명상해야 합니다. 수행해야 합니다. 행동해야 합니다. 하지만 우리의 행동은 애쓰지 않는 것이어야 합니다. 편안하게 몰입할 수 있어야 합니다.

진정으로 노력 없는 행동은 우리가 내면에서부터 완전히 변화했을 때 일어납니다. 이완법 자체만으로는 이를 달성할 수 없습니다. 그러나 이완법에 기반해 정신이 고요해지면 진정한 변화를 일으킬 신성의 에너지를 더 많이 수용할 수 있는 상태가 됩니다. 우리가 긴장하거나 내면이 걱정으로 가득하면 트랜스미션으로 흐르는 더 높은 차원의 도움the higher help을 막아버리고 맙니다. 우리는 이완함으로써 더 큰 유익함을 얻을 수 있습니다."

"이완법은 일종의 윤활유처럼 진정한 영적 작업이 방해받지 않고 흐를 수 있게 해주는 거로군요." 제가 말했습니다.

"그렇지요. 명상하기 전에 몸을 이완하는 목적은 오직 그 신성한 작업이 잘 이뤄지도록 하기 위해서입니다. 우리가 깊은 이완 상태에 있을 때, 우리는 신성한 작업을 방해하는 요소를 최소화해 트랜스미션을 더 잘 수용할 수 있습니다. 미묘한 소나기처럼 쏟아지는 트랜스미션에 자신을 활짝 열어 명상하는 가슴을 어루만져주게 하는 것입니다."

이완법

- 부드럽게, 천천히 눈을 감습니다.

- 발가락부터 시작합니다. 발가락을 꼼지락거립니다. 이제 발가락이 이완되었음을 느낍니다.

- 발목과 발의 긴장을 이완합니다. 지구의 에너지가 발바닥으로 들어오는 것을 느껴봅니다. 이제 에너지가 당신의 발에서 무릎까지 올라와 다리를 이완합니다.

- 허벅지를 이완합니다. 에너지가 점점 더 위로 올라와 다리 전체를 이완합니다.

- 이제 골반을 깊게 이완하고… 위장, 허리 전체를 이완합니다.

- 등의 긴장을 이완합니다. 꼬리뼈부터 어깨까지 등 전체를 이완합니다.

- 가슴을 이완하고… 어깨를 이완합니다. 양쪽 어깨가 녹아내릴 듯 완전히 이완된 것을 느끼십시오.

- 팔 위쪽을 이완합니다. 팔 아래쪽의 모든 근육과 손, 손가락 끝까지 이완합니다.

- 목 근육을 이완합니다. 주의를 얼굴로 옮깁니다. 턱, 입, 코, 두 눈, 귓불, 얼굴 근육, 이마, 정수리 끝까지 이완합니다.

- 몸 전체가 이완된 것을 느낍니다. 정수리부터 발가락까지 몸 전체를 스캔합니다. 몸의 어느 부위에 주의가 필

요하다면 그 부위로 가서 이완될 때까지 머뭅니다.

- 주의를 가슴으로 옮깁니다. 그곳에서 잠시 머뭅니다…. 가슴속의 사랑과 빛에 잠겨드는 것을 느낍니다.

- 가만히, 고요히 머물면서 천천히 내면으로 몰입합니다.

- 그만할 때가 되었다고 느끼는 순간까지, 그 상태 그대 로 원하는 만큼 머뭅니다. 마치고 싶을 때 빠져나옵니다.

이완법은 긴장을 푸는 데 도움을 주는 일련의 순차적 안내로 이뤄져 있습니다. 이것은 명상 직전에 하는 것이 가장 좋지만, 필요할 때마다 언제든 해도 괜찮습니다. 다지가 제게 해준 것처 럼 다른 사람에게 명상법을 안내해 긴장을 풀도록 도와줄 수도 있습니다. 이 안내문을 그대로 외울 필요는 없습니다. 이완법 의 본질을 이해할 경우 자신만의 단어가 직관적으로 떠오를 겁 니다. 일정 기간이 지나면 이완법이 필요하지 않을 수도 있습니 다. 이완법의 전 과정을 체계적으로 모두 진행할 필요는 없습니 다. 단 한 번의 호흡만으로 완전히 긴장을 풀고 이완할 수도 있 습니다.

어떻게 명상할 것인가 How to Meditate

　시간과 장소를 정하고 편안한 자세를 찾았으면 이제 명상할 준비를 한 것입니다. 부드럽게 눈을 감고 우리 안에 존재하는 신성한 빛이 내면에서 끌어당긴다고 가정하며 가슴에 주의를 기울입니다.

　"신성한 빛이 가슴에 존재한다고 가정한다는 것은 무엇을 의미합니까?" 제가 질문했습니다.

　"그것은 하나의 가설입니다. 처음에 우리는 가슴 안에 무엇이 있는지 모릅니다. 우리는 알아내기를 기다리고 있습니다. 명상은 우리 가슴속에 신성한 빛이 존재한다는 가설을 테스트하는 실험입니다. 그 실험의 증거는 우리가 실제 느낌으로 경험할 때 나옵니다."

　"이 명상 실험은 어떻게 진행하나요?" 제가 물었습니다.

　"먼저 이완한 다음 우리의 주의를 부드럽게 가슴으로 데려갑니다. 신성한 빛은 생각이 아니라 느낌입니다. 이 느낌은 만들어낼 수 없습니다. 그러므로 우리는 그 빛을 생각하거나 느끼려고 시도하면 안 됩니다. 명상은 어떠한 기대도 없이 편안하게 인내심을 발휘해 기다리는 것입니다. 실제로 우리는 '신성한 빛이 내 가슴속에 존재하고 있고, 그것이 나를 내면으로 끌어당기고 있다'라고 계속해서 상기하지 않습니다. 이 생각을 계속 되새길 필요도 없습니다. 이것은 '신성한 빛이 내 가슴에 있다, 신성한 빛이 내 가슴에 있다'라며 반복하는 만트라가 아닙니다. 그건 오히려 우리를 방해할 뿐입니다. 인위적이고 힘들기 때문입니다. 가슴에서 신성한 빛을 실제로 경험하려면 그 빛에 관한 생각이 사라져야 합니다. 명상 대상은 우리가 느끼는 것이지 생각하는 게 아닙니다."

"하지만 명상의 정의는 한 가지를 지속해서 생각하는 것이잖아요."제가 말했습니다.

"그렇지요. 우리는 지속해서 그 생각에 온전히 집중하지만 그것은 더 깊은 주의력, 즉 거의 무의식적인 주의력입니다. 사람들은 이를 오해하는 경향이 있습니다. 의식적인 생각으로 붙잡으려 하면 그건 집중하는 것입니다. 그것은 명상이 아닙니다."

"무엇이 이렇게 깊은 주의력을 만들어냅니까?"

"명상하려는 의도입니다. 그것으로 충분합니다. 알다시피 의식은 광대합니다. 그것은 대부분 우리가 인식할 수 있는 범위를 넘어섭니다. 우리가 인식하는 의식 부분은 전체의 극히 일부분에 불과합니다. 신성한 빛에 관한 생각은 우리 인식을 넘어서는 의식의 더 깊은 영역에 퍼져있습니다. 따라서 인식 수준에서 신성한 빛을 생각하는 것과 씨름할 필요가 없습니다. 이 생각이 의식적으로 떠오르지 않아도 여전히 명상하고 있는 것이니 안심해도 좋습니다."

"그러면 우리가 명상에서 실제로 해야 하는 건 무엇인가요?" 제가 물었습니다. 다지는 반복해서 "그저 가슴에 주의를 두고 긴장을 푼 채 기다리면 됩니다"라고 말했습니다.

"그 방법은 너무 간단합니다."

"현실은 단순합니다! 그리고 단순한 것을 이루기 위해서는 단순한 방법을 사용해야 합니다. 바부지께서는 바늘은 크레인으로 집는 것보다 손가락으로 집는 것이 더 쉽다고 말씀하곤 했지요!"

"처음 명상을 시작했을 때 명상이 얼마나 단순한지 알았더라면 좋았을 텐데 하는 생각이 드는군요." 제가 말했습니다.

"그래도 당신은 경험으로 배웠고 그게 가장 좋은 방법입니다."

"처음 시작할 때는 가슴속 신성한 빛에 관한 생각을 어떻게 다뤄야 할지 완전히 막막했습니다. 제가 질문할 때마다 사람들은 제게 너무 많이 생각하지 말라고 했어요! 그래서 저는 신성한 빛에 관한 생각을 대부분 무시했습니다. 그런 생각이 없어도 저는 여전히 명상에 깊이 빠져들었습니다. 물론 어떤 날에는 '오늘은 정말 제대로 명상해야겠다, 신성한 빛을 계속 생각해야겠다'라고 생각하기도 했습니다. 그럴 때는 전혀 명상한 게 아니었지요! 힘겨운 싸움만 있었을 뿐입니다."

"신성한 빛 개념은 지극히 미묘합니다. 바부지께서는 그것을 '광채 없는 빛'이라고 불렀습니다. 이 정의에는 큰 힌트가 담겨

있습니다! 언뜻 보면 고개를 갸우뚱하게 만들 수도 있지요. 광도光度는 빛의 결정적인 특징이 아닐까요? 그런데 우리는 머릿속 그림에서 광도를 제거함으로써 중요한 것을 배울 수 있습니다. 신성한 빛은 어떤 방식으로도 시각화하거나 상상할 수 없다는 것을 배우지요. 그것은 전기 빛이 될 수 없습니다. 촛불도 될 수 없습니다. 일광, 네온 불빛 또는 어떤 물질적 근원에서 나오는 빛도 될 수 없습니다. 그것은 우리가 볼 수 있는 게 아닙니다. 그렇다면 그건 대체 뭘까요? 그것은 우리가 '느끼는' 무언가입니다.

이것이 하트풀니스 명상에서 가슴을 이야기하는 이유입니다. 어쨌거나 결국 가슴은 '느끼는' 부위입니다. 신성한 빛을 생각하려는 시도는 오히려 그것을 느끼는 걸 방해합니다. 그것은 우리를 정신 차원에 묶어두고 더 깊이 들어가는 것을 막습니다.

그래서 우리는 이걸 아주 미묘하고 부드럽게 생각할 수 있어야 합니다. 기껏해야 우리는 신성한 빛이 마음속에 존재하고 그 빛이 우리를 내면, 즉 근원을 향해 끌어당기고 있다는 것을 부드럽게 상기할 뿐입니다. 우리는 명상을 시작할 때 한 번 상기합니다. 실은 그 정도도 필요 없습니다. 이건 매우 자연스러운 과정입니다. 알다시피 모든 것은 저절로 일어나니까요."

"왜 단순히 근원을 명상하지 않습니까? 왜 신성한 빛까지 끌어들여야 하나요?" 제가 물었습니다.

152

"근원을 어떻게 생각합니까?" 다지가 되물었습니다. 저는 아무 대답도 할 수 없었습니다. 그러자 다지가 말했습니다.

"근원은 무한합니다. 그것은 생각으로 가능하지 않습니다. 심지어 무의식적 생각으로도 불가능합니다. 당신이 어떻게 상상해도 실제 근원의 모습과는 다를 겁니다.

반면 신성한 빛은 파악할 수 있습니다. 미묘할지 모르지만 적어도 우리는 그것을 경험할 수 있습니다. 가슴에서 빛을 느낄 수 있지요. 그 미묘한 느낌은 우리를 더욱더 내면으로 끌어당깁니다. 우리가 그 빛 너머로 넘어가게 하고 실제로 근원 그 자체로 우리를 데려갑니다."

"그러니까 우리가 신성한 빛을 명상하는 이유는 우리가 근원을 직접 명상할 수 없기 때문이군요." 제가 말했습니다.

"그렇습니다. 그러나 그 빛은 근원에서 나오고 이것은 근원을 향해 우리를 끌어당깁니다. 근원에 접근하는 이 과정 중에 우리는 점점 더 깊은 명상에 빠져듭니다. 그리고 우리는 점점 더 깊은 사마디에 도달합니다."

"잠시 다시 생각해봐야겠습니다. 우리가 눈을 감고 명상한다고 해서 언제나 곧장 사마디로 가는 건 아닙니다. 그사이에 종종 시간의 흐름이 있어요. 그 시간은 온갖 생각 탓에 산만함과 씨름하느라 사람들이 가장 어려움을 겪는 순간이기도 합니다. 그래서 제 질문은 이렇습니다. 생각을 어떻게 다뤄야 할까요?"

제가 물었습니다.

"네, 상념은 가장 큰 문젯거리입니다." 다지가 웃으며 말했습니다.

"그렇지만 '나는 생각이 적은 상태여야만 해'라고 기대하며 명상하는 것은 잘못된 접근 방식입니다. 우리는 이러한 통념에 이끌리기 쉽습니다. 그러나 귀는 듣는 것이고 눈은 보는 것이듯 마음의 자연스러운 기능은 생각하는 것입니다. 영화를 볼 때 몰입하면 생각의 방해를 받지 않습니다. 그렇다고 생각이 없다는 뜻은 아니지요."

"그냥 생각에 주의를 기울이고 있지 않은 상태입니다." 제가 말했습니다.

"맞습니다. 영화 스크린에 보이는 것에 더 주의를 기울이기 때문입니다. 명상할 때도 마찬가지입니다. 생각보다 가슴에 더 주의를 기울이면 생각은 더 이상 우리를 괴롭히지 않습니다. 내면에 있는 빛의 존재를 느끼기 시작하면 이것은 더 쉬워집니다. 자신이 느끼는 것이 신성한 빛이라는 걸 인식하지 못할 수도 있습니다. 잠드는 순간을 알아차리지 못하는 것과 마찬가지로 빛이 언제 오는지 거의 모를 수도 있습니다. 그냥 일어나는 겁니다. 그러면 더 이상 생각의 영향을 받지 않습니다.

생각과 감정은 바다 표면의 파도와 같습니다. 파도는 수면 위에 머무는 선원은 방해할 수 있지만 깊은 바닷속을 헤엄치는 고래는 방해하지 않습니다. 깊은 명상에 빠지면 우리는 그 깊은 곳에 가라앉습니다. 강풍이 분다 해도 파도는 수면 위에 있고 우리는 영향을 받지 않습니다."

"그런데 깊은 명상에 빠지기 전이라면 우리는 무엇을 해야 합니까? 생각을 어떻게 처리해야 하나요?" 제가 다시 물었습니다.

"받아들이십시오. 더 나아가 사랑하십시오. 생각은 당신의 적이 아닙니다. 생각과 싸우면 반드시 패배합니다! 싸울수록 생각은 더 강해집니다. 사실 여기에는 뉴턴의 세 번째 법칙을 적용할 수 있습니다. 물리적 차원에서는 모든 작용이 크기가 같고 방향은 반대인 반작용을 일으킨다는 법칙입니다. 정신 차원에서는 이 법칙을 예측할 수 없는 방식으로 적용합니다. 여전히 반작용이 있지만 그 크기는 같지 않습니다. 균형이 맞지 않지요! 마치 바다에 돌을 던졌더니 쓰나미로 돌아온 것과 같습니다. 그러니 생각과 싸우지 마십시오. 그냥 내버려두십시오.

그렇다고 생각에 빠져야 한다는 뜻은 아닙니다. 우리는 간혹 감동을 안겨주는 특정 생각에 흥분합니다. 또 부정적인 생각 탓에 걱정하기도 합니다. 생각하는 것은 괜찮지만 생각에 빠지는 것은 절대 좋지 않습니다. 사실 생각은 방의 벽지와 같아야 합니다. 아름다운 벽지가 마음에 들 수도 있고 싫을 수도 있지만, 어느 쪽이든 집착하지 않아야 합니다. 무언가를 하려고 할 때 벽지가 방해하지는 않지요. 마찬가지로 당신의 생각이 명상을 방해할 필요도 없습니다."

"때로 생각은 우리를 기습합니다. 그럴 땐 평정심을 유지하기가 어렵습니다." 제가 말했습니다.

"바부지께서는 병에서 와인을 따를 때 애초에 와인이 들어갔을 때와 같은 병 입구에서 나온다는 점을 지적했습니다. 명상할 때 하는 생각은 병 입구에서 흘러나오는 와인과 같습니다. 우리가 그 존재를 인식하지 못했더라도 생각은 항상 우리 안에 있었습니다. 우리는 명상할 때만 그것을 인식하고 그 생각이 밖으로 나오기 시작합니다. 생각은 떠나려고 나오는 것입니다. 그러니 생각이 나오도록 놔두십시오.

가끔은 명상 중에 아주 강렬한 생각과 감정을 경험하기도 합니다. 이럴 때는 불안할 수 있습니다. 일상생활에서 우리는 그런 생각과 감정을 억누르는 경향이 있기 때문입니다. 나쁘다고 여기는 생각이 떠오르면 우리는 '안 돼, 안 돼, 안 돼!'라며 잠재의식의 구석으로 밀어 넣습니다. 그런다고 생각이 사라지는 것은 아닙니다. 그 생각은 내면에 남아 경험에 그늘을 드리우고 미묘한 방식으로 당신의 행동을 형성합니다. 명상을 하면 그런 생각이 다시 떠오릅니다. 그것은 끓는 물이 담긴 냄비에서 위로 솟구치는 물방울과 같습니다. 생각이 당신에게서 떠나려고 하는 것이니 신경 쓰지 마십시오.

누군가가 혼란스러운 명상을 두고 불평하는 걸 들으면 저는 항상 행복합니다. 그것이 마음속에 품고 있던 무언가를 풀어냈음을 보여주기 때문입니다. 그래서 저는 우리가 명상 경험을 판단하는 것을 자제해야 한다고 생각합니다. 훨씬 더 중요한 것은 명상하는 동안이 아니라 명상이 끝난 후의 느낌입니다. 우리가 진정 추구하는 것은 명상의 장기적인 효과입니다."

"그러면 명상 중의 어려움은 어떻게 하는 것이 좋을까요? 가령 생각에 사로잡힐 때처럼요." 제가 물었습니다.

"당신이 명상하고 있다는 것을 당신 자신에게 다시 한번 알려주십시오. 그것으로 충분할 겁니다. 그것으로 도움을 받지 못한다면 30초 정도 눈을 뜨십시오. 그러면 그 상황은 종료됩니다. 그런 다음 명상을 계속할 수 있습니다.

우리가 '생각 없는 상태'에 들어갈 때도 있습니다. 이것은 우리가 의식의 미묘한 영역으로 더 깊이 들어갈 때 발생합니다. 위대한 스와미 비베카난다께서는 '의식은 잠재의식과 초의식이라는 두 바다 사이의 단순한 필름에 불과하다'라고 말씀하신 적이 있습니다. 이 두 단어, 즉 잠재의식과 초의식을 살펴봅시다. 잠재의식subconscious은 접두사 sub와 단어 '의식적conscious'이 결합한 것인데, sub가 '아래'라는 뜻이므로 잠재의식은 우리의 의식적 인식 아래에 있음을 알 수 있습니다. 반대로 초의식superconscious은 우리의 의식적 인식 위에 있습니다. 결국 잠재의식과 초의식은 모두 우리의 의식적 인식conscious awareness

너머에 있습니다. 그렇지만 하나는 더 낮은 무의식이고 다른 하나는 더 높은 무의식입니다.

잠재의식은 초의식과 마찬가지로 광대합니다. 사실 둘 다 무한합니다. 요가 수행을 하면 우리의 의식적 인식은 이 두 가지로 확장됩니다. 밤에 자면서 우리는 잠재의식의 바다로 깊이 빠져듭니다. 실제로 이는 요가니드라yoganidra라는 특수한 요가적 수면 상태에서도 발생합니다. 이것은 나중에 기도의 주제를 다룰 때 다시 논의하겠습니다. 잠재의식을 정화하는 것도 필요합니다. 잠재의식은 과거 경험의 잔재로 가득 차 있습니다. 또한 이것은 우리의 낮은 본능과 욕구의 본거지이기도 합니다. 이 주제는 정화 방법을 논의할 때 더 자세히 다룰 것입니다.

이제 초의식을 이야기해봅시다. 초의식은 신성한 영역이며, 명상할 때 우리는 그 무한한 하늘로 날아오릅니다. 거기에서 지혜가 내려옵니다. 거기에서 영감이 당신의 가슴을 강타합니다. 초의식 속에서 우리는 근원의 에너지로 충만해집니다.

명상하면 우리의 인식은 초의식으로 확장됩니다. 처음에는 그런 경험을 전혀 하지 못할 수도 있습니다. 이것은 마치 깊은 수면 상태에 있는 것과 같습니다. 이것이 사마디의 첫 번째 단계입니다. 우리는 천천히 초의식에 익숙해집니다. 그 상태에서 우리는 자각하고 점차 그것을 제어할 수 있습니다. 그렇다면 그것은 여전히 초의식일까요?"

"무슨 말씀인지요?" 제가 물었습니다.

"당신이 초의식을 의식하면 이것은 더 이상 당신의 의식 수준 '위'에 있지 않습니다. 그것은 당신의 정상적인 의식 상태가 되었습니다. 초의식은 항상 저 너머에 있는 것입니다. 당신은 거기에 접근할 수 없지요. 당신에게는 정상적인 의식 상태가 다른 사람에게는 초의식 상태일 수 있습니다."

"그러면 초의식은 상대적인 용어네요."

"그렇습니다. 포인트 A 명상과 포인트 B 정화라는 두 가지 보조 수행법을 사용해 초의식 상태로 이동하는 과정을 가속화할 수도 있습니다. 물론 이러한 수행법은 필수적인 하트풀니스 수행법에 익숙해진 뒤 하트풀니스 트레이너에게 직접 설명을 듣는 것이 가장 좋습니다.

우리 여정에서 우리는 초의식을 넘어서기도 합니다. 사실 우리는 의식도 완전히 넘어섭니다. 잠재의식이든 초의식이든 의식은 무한합니다. 그 무한성은 또 다른 무한성이 뒷받침하는데 우리는 이를 잠재력potentiality이라고 부릅니다."

갑자기 다지는 자리에서 일어나 침실로 들어가더니 잠시 후 한 손에 책을 들고 돌아왔습니다. 1944년 바부지가 쓴《라자 요가의 효능Efficacy of Raja Yoga》이었습니다. 그는 그 책을 읽기 시작했습니다.

의식은 우리의 목표가 아닙니다. 그것은 어린이들이 가지고 놀기 위한 장난감일 뿐입니다. 우리는 의식이 진정한 형태(즉, 실제로 존재해야 하는 것)를 취하는 지점에 도달해야 합니다. 우리는 실제로 약medicine이 만들어지는 모태인 팅크tincture를 찾아야 합니다. 우리는 의식을 창조하는 잠재력을 찾고 있으며 그것마저 사라지면 순수하고 단순한 진정한 실재에 직면합니다. 이 철학은 말로 적절히 설명하기에 너무 고차원적입니다(찬드라, 2009).

다지는 책을 덮으며 "현실은 잠재력을 뒷받침하는 또 다른 무한대입니다"라고 말했습니다.

"우리의 발전은 무한한 미묘함을 향해 나아가는 스펙트럼을 폭넓게 망라합니다. 우리는 의식에서 시작하여 잠재력을 향해 나아가고 결국 현실로 나아갑니다. 그리고 우리는 그것을 넘어서야 합니다…."

얼마 동안 명상해야 하는가 How Long to Meditate

하트풀니스 수련을 시작하기 전 저는 한 번에 딱 20분씩 명상했습니다. 알람을 설정한 뒤 알람이 울릴 때까지 눈을 감고 앉아있었지요. 명상이 끝나면 강사가 종을 울리던 명상 수업에서 이 방법을 배웠습니다.

하트풀니스 수련을 시작한 다음에도 저는 알람을 20분으로 설정하는 습관을 계속 유지했습니다. 그런데 곧 명상에 몰입하고 있는 동안 벨이 울려서 방해받기 시작했습니다. 저는 다시 타이머를 한 시간으로 설정했습니다. 흥미롭게도 저는 벨이 울리기 정확히 5분 전 명상에서 자연스럽게 깨어났습니다. 얼마 지나지 않아 타이머가 명상 과정을 방해한다는 생각이 들었고 다시는 타이머를 사용하지 않았습니다.

다지에게 이 초기 경험을 얘기하자 그는 이렇게 말했습니다. "미리 시간을 제한하는 것은 너무 인위적입니다. 사실 명상할 때는 어떤 의제도 설정해서는 안 됩니다. 어떤 조건도 부여하면 안 됩니다. 우리는 경이로움과 미지의 상태에 열려있어야 합니다.

때로 우리는 '곧 출근해야 하니까 15분만 명상하자'라고 생각할 수 있습니다. 주시는 분The Giver은 당신의 시간 제약을 잘 알고 있습니다. 아마 그분은 30초 안에 당신의 명상을 끝내셨을 텐데, 당신은 15분을 고집하고 있었던 겁니다."

"그런 경우라면 제가 그분보다 더 관대하네요. 그분은 30초만 쓰시지만 저는 15분을 허용하니까요." 제가 말했습니다.

"그럴지도 모릅니다. 하지만 그 15분 동안 무슨 일이 일어날까요? 무한한 것을 명상하는 대신 시간을, 한계를 명상할 것입니다. 당신은 몇 분 안에 일어나야 한다는 것을 끊임없이 인식할 겁니다. 명상의 질이 아니라 명상의 양에 집중하는 것이지요! 질이 없으면 양이 무슨 소용이 있을까요?"

"가끔 명상하다 보면 너무 일찍 끝나버리는 경우가 있습니다. 어떤 때는 한 시간이 훌쩍 지나가기도 하고요. 명상을 언제 끝내야 할지 어떻게 알 수 있을까요?"

"명상은 만족스러운 의식의 깊이에 도달했을 때 완성됩니다. 바부지께서는 한 시간을 추천했습니다. 사람들이 불평하자 그분은 30분으로 줄였습니다. 그렇지만 바부지께서는 한 시간이 가장 좋다고 하셨습니다. 사람들이 명상에서 만족스러운 깊이에 도달하기까지 보통 한 시간이 걸리는 것을 보셨기 때문입니다.

그렇다고 이 말을 그대로 따라서 '좋아, 나는 이제부터 한 시간 동안 명상할 거야'라고 해서는 안 됩니다. 그러면 여전히 신성한 빛이 아니라 시간 개념을 명상하고 맙니다. 시간은 잊어버리십시오! 그저 명상하십시오."

"저는 바부지께서 한 번에 1~2분 이상 명상하신 적이 없다고 들었습니다."

"그분은 순식간에 내면의 깊은 곳으로 빠져들었어요. 당신에게 필요한 시간이 그 정도라면 그것으로 충분합니다. 만약 한 시간이 걸린다면 그것도 괜찮습니다."

"깊이에 전혀 도달하지 못한다면요? 한 시간이 지났는데도요." 제가 말했습니다.

"다음 기회를 위해 남겨두세요. 오늘은 그냥 그런 일이 일어나지 않은 것뿐입니다. 괜찮습니다. 내일 다시 해보는 거지요. 정말 열의가 넘치고 시간이 남는다면 다시 한번 명상해도 좋습니다. 그러나 자기 자신에게 조금이라도 휴식을 주십시오. 적어도 15분 정도는 쉬십시오. 그 15분간의 휴식이 없으면 명상은 약간 부정적 효과를 낼 것입니다."

"우리가 얼마나 빨리 자기 내면으로 깊이 몰입할 수 있는지 결정하는 것은 무엇인가요?"

"그것은 인식의 지향점과 의식의 유연성에 달려있습니다. 의식을 커다란 원이라고 상상해보십시오. 그 중심은 당신 존재의 핵심, 즉 궁극의 근원입니다. 둘레는 우리의 표면 인식을 나타냅니다. 원은 감각을 통해 세상과 상호작용하는 우리의 정상적인 의식 상태입니다.

일반적으로 우리의 주의는 단방향입니다. 이것은 한 번에 한 방향으로 움직입니다. 명상할 때 주의는 내면에 집중합니다. 일상 활동에서는 중심에서 멀어져 바깥쪽으로 이동하는 경향이 있습니다. 그것은 원의 둘레를 따라 감각을 통해 흐릅니다.

의식이 민첩하고 유연하면 방향을 쉽게 바꿀 수 있습니다. 반대로 의식이 번잡하고 느리면 방향을 바꾸려 할 때 예인선 네

척이 필요한 대형 화물선과 같을 것입니다. 외부 방향에 익숙해지면 의식을 내부로 돌리는 데 어려움을 느끼는 경향이 있습니다. 이 경우 명상에 시간이 더 오래 걸립니다. 다행히 우리는 매일의 연습과 트랜스미션의 도움으로 기민하고 유연한 의식을 계발할 수 있습니다. 그러면 우리는 어느 방향으로든 마음대로 움직일 수 있습니다.

우리가 더 발전함에 따라 의식은 앞뒤로 점프하고 안팎으로 방향을 전환하는 것을 멈춥니다. 즉, 단방향성을 잃습니다. 오히려 한 번에 양방향으로 확장됩니다. 당신은 외부에서 일어나는 일을 인식하는 동시에 내면의 근원을 향해 움직입니다. 더나아가 당신은 둘 사이에 무슨 일이 일어나고 있는지 압니다. 이제 당신에게는 내면이나 외면의 방향이 없습니다. 당신의 의식은 광대합니다. 당신의 주의는 모든 것을 포용합니다.

이 상태에 이르면 명상에는 더 이상 어떤 움직임도 필요하지 않습니다. 중심, 즉 근원에 몰입하는 동시에 외부를 인식하니까요. 이는 명상하기 위해 의식을 내면으로 돌릴 필요가 없다는 뜻입니다. 사실 명상은 이제 불필요해집니다. 당신이 계속해서 명상 상태에 있기 때문입니다. 이미 명상 상태에 있는데 다시 앉아서 명상할 필요는 없지 않을까요?

동양의 도상학圖像學에서 영적 인물을 간혹 명상 자세로 묘사하는 것을 보았을 것입니다. 특히 부처님을 묘사한 그림에서 이런 모습을 많이 볼 수 있습니다. 부처님은 항상 앉아서 고요한 표정을 짓고 계십니다. 실제로 깨달은 사람은 계속 명상에 빠져 앉아있지 않습니다. 그들은 활동적으로 삶에 참여합니다. 예를 들어 응급실 의사는 환자를 돌보느라 바쁘게 움직입니다. 스트레스가 많은 상황임에도 불구하고 그녀는 침착합니다. 그녀는 평화롭습니다. 그녀는 근원과 끊임없이 접촉함으로써 주변의 소음을 없애는 내면의 고요함을 얻습니다. 스트레스가 많은 상황이지만 그녀는 명상 중입니다. 그녀가 불상처럼 앉아있는 것은 아니어도 그녀의 의식은 부처와 같습니다. 그녀는 명상의 영속성을 얻었습니다. 이것을 명상 상태라고 합니다.

이렇게 매일 명상하는 연습을 평생 계속할 필요는 없습니다. 물론 사람마다 다르겠지만 20년, 30년이 지난 후에도 여전히 매일 명상해야 한다면 우리의 접근 방식에 문제가 있는 게 틀림없다고 생각합니다."

"그렇다면 진화한 인간은 왜 항상 명상하는 자세로 묘사하는 것일까요? 그냥 상징일까요?"

"물론 상징입니다. 그런데 우리는 더 이상 명상이 필요하지 않은 사람조차 계속 명상 수행을 하는 경향이 있음을 봅니다. 그들은 여전히 매일 아침 명상을 위해 방석에 앉습니다. 왜 그렇게 할까요? 명상이 즐겁기 때문일까요? 습관이거나 그냥 형식적인 것일까요?"

다지는 잠시 말을 멈추었습니다.

"생각해보면 알 겁니다."

명상 상태 The Meditative State

긴 침묵 끝에 다지는 말했습니다.

"명상에 끝이 있어서는 안 됩니다. 그렇다고 명상 방석에서 다시는 일어서지 말라는 뜻은 아닙니다! 하루 종일 명상만 하며 앉아있을 수는 없어도 모든 활동을 하는 동안 명상 상태를 유지할 수는 있습니다. 당신의 삶은 명상, 즉 역동적이고 지속적인 명상이 됩니다. 그것은 눈을 뜨고 하는 명상입니다. 당신은 명상하며 앉아있지 않습니다. 그러나 당신은 명상하고 있습니다.

인도에는 브라만Brahman 개념이 있습니다. 전통적으로 브라만은 신과 비슷합니다. 브라만은 궁극적 실재, 최고 존재 또는 그 무엇이든 부르고 싶은 대로 부를 수 있는 것으로 여겨집니다. 그런데 이 단어의 어원을 살펴보면 다른 이야기를 발견할 수 있습니다. 브라만은 두 개의 산스크리트어 어근인 브루하bruha와 만man에서 파생된 단어입니다. 브루하는 '확장'을, 만은 '생각' 혹은 '관조'를 의미합니다. 따라서 브라만은 문자 그대로 확장하고 관조한다는 뜻입니다.

잠시 되돌아가 봅시다. 제가 의식을 커다란 원이라고 설명한 것을 기억하나요?”

“네.”제가 말했습니다.

“원의 중심은 우리 존재의 가장 깊은 핵심을 말하고, 둘레는 우리의 외부 인식을 나타냅니다. 의식이 중심과 둘레를 향해 동시에 양방향으로 확장되는 때가 옵니다. 이것이 진정한 의미에서 브라만입니다. 그것은 확장이기도 하지만 생각하는 마음이 의식 안에 존재하므로 생각 그 자체이기도 합니다.”

“그래서 사람들은 대부분 브라만을 실제와 전혀 다른 것으로 생각하지요.”제가 말했습니다.

“그렇습니다. 우리는 인간의 이해를 이해할 수 없는 것에 적용했습니다. 소크라테스가 처형당한 이유 중 하나는 그가 신을 인간의 피조물이라고 선언했기 때문입니다. 그는 신께 인간의 특성이 있다고 여겼습니다. 이에 따라 그는 신은 인간의 투영물이라는 결론을 내렸습니다.

그리스에서 그런 일이 일어나는 동안 인도에서도 같은 일이 벌어지고 있었습니다. 사실 지금도 마찬가지입니다. 인도뿐이 아닙니다. 신을 포함한 모든 것에 인간의 특성을 부여하는 것은 인간 본성의 독특한 측면입니다. 산스크리트어로 인격적 존재를 뜻하는 단어는 아트만atman입니다. 아트만은 문자 그대로

'움직이고 생각하는 것'을 의미합니다. 결국 개인의 정의는 고대인이 신을 정의한 것과 매우 유사하다는 것을 알 수 있습니다. 유일한 차이점은 하나는 확장하고 다른 하나는 단순히 움직인다는 것입니다.

왜 이렇게 비슷할까요? 그 이유는 사람들이 '신은 우리와 같지만 더 위대해야 한다'라고 생각했기 때문입니다. 개별 존재가 움직이는 존재라면 더 큰 존재인 신은 확장해야 하는데, 이는 확장이 단순한 움직임보다 더 크기 때문입니다. 그래서 그들은 지고의 존재the Ultimate를 인간의 이해에 따라 '브라만'이라고 명명했습니다.

실제로 브라만은 지고의 존재가 아닙니다. 브라만은 의식이 관조하고 확장하는 상태입니다. 반면 지고의 존재는 이것을 훨씬 뛰어넘습니다. 지고의 존재는 변하지 않으므로 확장하거나 축소하거나 관조할 수 없습니다."

"명상 상태에서는 우리 의식이 브라만의 자질을 보여주는군요. 그것은 궁극의 상태가 아니고요." 제가 말했습니다.

"맞습니다. 우리는 브라만을 넘어서야 합니다. 그와 관련된 용어도 있습니다. 그것은 파라브라만Parabrahman으로 '브라만 너머'라는 뜻입니다. 파라브라만 상태도 우리 여정의 또 다른 단계일 뿐입니다. 끝이 아닙니다. 명상 상태는 계속 진화하고 있습니다. 궁극의 상태에 녹아들 때까지 더 미세하고 섬세해집니다. 하지만 우리가 처음에 그 상태를 만들어내지 않으면 진화할 수 없습니다."

다지는 잠시 생각에 잠겼다가 말을 이었습니다.

"저는 명상 효과가 영구적으로 나타날 때까지는 누구도 명상에 진정 만족하지 않을 거라고 생각합니다. 일상이 변화하지 않는다면 심오한 명상이 무슨 소용이 있을까요? 그렇지 못한 명상은 밑 빠진 양동이를 사용해 우물에서 물을 길어 올리는 것과 같습니다. 명상 상태를 유지할 수도 없고 일상에 적용할 수도 없지요."

"어떻게 하면 명상 효과를 지속할 수 있을까요?"

"첫 번째 단계는 명상하는 것입니다. 명상은 명상 상태의 어머니입니다. 어머니가 없으면 아기도 없고, 명상이라는 행동이 없으면 명상 상태도 없습니다. 우리는 명상을 반복해 명상의 영속성을 얻습니다. 매일 명상하면 명상 상태를 꾸준히 쌓을 수 있습니다. 벽돌을 하나하나 쌓듯, 명상을 하나하나 쌓아가면서 명상 상태를 구축하는 것입니다. 명상을 자주 하지 않으면 그 상태가 약해지기 시작합니다."

"그러면 처음부터 다시 만들어야 하죠." 제가 말했습니다.

"네. 매일 물과 햇빛이 필요한 식물과 같습니다. 소홀히 하면 계속 소생시켜야 합니다. 어떻게 하면 잘 자랄까요? 명상하는 것만으로는 충분하지 않습니다. 당신은 당신의 깨어있는 의식에 명상 의식을 끌어와야 합니다. 이것은 우리가 명상 직후 몇 분 동안 어떻게 행동하느냐에 따라 달라집니다. 갓 명상한 상태는 젖은 시멘트와 같습니다. 이것을 일상으로 가져가기 전에 안정할 시간이 필요합니다. 명상이 끝나자마자 의자에서 일어나면 명상 상태 의식은 깨져버립니다. 이것은 명상을 던져버리는 것과 비슷합니다. 월급을 받기 위해 열심히 일하고 나서 월급봉투를 쓰레기통에 버리는 것과 같습니다! 그렇게 할 거라면 명상을 왜 하겠습니까?"

"그럼 어떤 방법을 추천하시나요?" 제가 물었습니다.

"명상이 끝난 뒤에는 아주 부드럽게 눈을 뜨십시오. 그런 다음 몇 분 더 명상 상태를 유지하되 눈을 반쯤 뜬 채로 명상하십시오. 이것은 매우 중요합니다. 그 몇 분 동안 오늘 해야 할 일을 생각하지 않습니다. 휴대전화 메시지도 확인하지 않습니다. 여전히 명상하고 있지만 눈을 약간 뜨고 있는 상태입니다. 주변 환경에 온전히 집중할 수 있을 때까지 몇 분간 이 상태를 유지하십시오.

그런 뒤에도 처음에는 천천히 움직이십시오. 명상 상태를 유지하십시오. 어떤 흔들림도 완전히 피해야 합니다. 마치 깊은 바닷속에서 천천히 올라오는 심해 스쿠버다이버처럼 느껴야 합니다. 어떤 일에도 서두르지 마십시오! 명상 직후에는 물도 마시지 말아야 합니다."

"왜 그렇습니까?"

"사람이 화가 났을 때 물을 마시면 마음을 진정하는 데 도움을 받습니다. 이것은 물이 우리의 내면 상태를 바꿀 수 있음을 보여줍니다. 이는 누군가가 화가 났을 때는 좋을지 모르지만, 명상 후 우리는 우리의 상태를 보존해야 합니다. 우리는 그것을 바꾸고 싶어 하지 않습니다. 그래서 우리는 몇 분 동안 물을 마시지 말아야 합니다. 같은 맥락에서 선풍기를 틀어놓고 명상했다면 한동안 선풍기를 계속 켜두어야 합니다. 선풍기를 바로 끄지 말아야 합니다. 명상하는 동안 선풍기를 꺼놓았다면 계속 꺼놓아야 합니다. 명상 상태가 안정될 때까지는 명상을 방해할 수 있는 어떤 행동도 하지 말아야 합니다. 처음 몇 분이 매우 중요합니다. 그 몇 분이 하루의 질을 결정하기 때문입니다."

"그 몇 분 동안 어떤 일이 일어나기에 그렇게 중요한가요?" 제가 물었습니다.

"명상하는 의식이 정상적으로 깨어있는 상태와 합쳐집니다. 눈을 뜨고 명상하는 데 몇 분만 투자하면 의식이 깨어있는 상태에 적응하면서 명상 상태를 유지합니다. 잠시 후 두 상태가 공존합니다. 즉, 내면으로 몰입하고 주변 환경에 완벽하게 주의를 기울입니다. 이것이 명상 행동을 명상 상태로 전환하는 한 가지 방법입니다.

명상할 때 우리는 새로운 내적 환경에 놓입니다. 그 내적 상태는 집 임대 계약을 체결하는 것과 같습니다. 그 집에 살 수는 있지만 그렇다고 그 집을 소유하는 건 아닙니다. 소유하지 않으면 그곳에 영구적으로 머물 수 있을까요? 우리는 그런 상태를 우리 것으로 만들 방법을 찾아야 합니다. 그렇지 않으면 주먹으로 물을 움켜쥐려는 것과 같습니다. 그러니까 손가락 사이로 물이 새어 사라지고 맙니다."

"그 상태를 내 것으로 만드는 가장 좋은 방법은 무엇인가요?" 제가 물었습니다.

"첫 번째 단계는 자신의 상태를 인식하는 것입니다. 우리가 무언가를 받았다는 것을 인식해야 합니다. 그러한 인식이 발전하는 데 가장 좋은 시간은 명상 직후입니다. 명상이 끝난 뒤 자신을 관찰하십시오. 자신을 세밀하게 관찰하십시오. 기분이 어떠한가요? 우리의 상태는 다양한 방식으로 나타날 수 있습니다. 자신의 상태에 관해 글을 쓰면 자연스럽게 주의를 기울이게 되므로 명상 일기는 매우 유용한 도구입니다. 주의를 기울이면 인식을 더 세밀하게 조정하고 민감도가 높아집니다. 많은 사람이 처음엔 무엇을 써야 할지 모르겠다고 말합니다. 처음에는 한 문장이나 한 단어만 쓸 수도 있습니다. 그러나 몇 주가 지나면 문단을 쓸 수 있습니다. 곧 상세한 설명으로 지면을 가득 채울 것입니다.

자신의 상태를 더 많이 인식할수록 그 깊이와 강렬함을 더 많이 경험합니다. 새로운 상태는 씨앗과 같습니다. 아주 작은 것에서 시작해 서서히 퍼져나갑니다. 그것은 내면에서 확장되고 활기를 띱니다. 이제 우리 존재 전체가 함께 진동하는 것 같습니다. 상태가 충분히 활기를 띠면 정점에 이릅니다. 그런 다음 새로운 전환이 이뤄집니다. 그러면 우리는 그것을 흡수하기 시작합니다. 우리가 그것을 '흡수'하는 겁니다. 그것은 우리의 일부가 되어갑니다. 그러면서 우리의 생각, 감정, 행동은 그 특정 특성을 반영합니다. 이 과정의 한 가지 흥미로운 측면은 우리가 그 상태를 더 많이 흡수할수록 그 강도가 덜해진다는 것입니다. 그 느낌이 약해지기 시작합니다. 결국에는 아예 느껴지지 않습니다. 우리는 그것을 잃어버렸다고 생각할 수 있습니다! 하지만 자신을 주의 깊게 관찰해보면 그 감정이 사라지지 않았음을 알 수 있습니다. 감정이 사라진 게 아니라 감정이 되어가고 있는 겁니다.

예를 들어 식사할 때 어떤 일이 일어나는지 보십시오. 처음에는 배 속에 음식이 들어온 것을 느낍니다. 그러나 음식을 소화하면 더 이상 몸에서 음식이 느껴지지 않습니다. 음식이 내 몸의 일부가 되었기 때문입니다. 마찬가지로 어떤 상태를 경험한다는 것은 그게 아직 내 일부가 되지 않았다는 것을 증명합니다. 여전히 낯선 것입니다. 아직 낯설기만 합니다. 그것이 진정 당신의 일부가 되면 당신은 그것을 전혀 경험할 수 없습니다. 바부지께서 말씀하셨듯 눈은 눈을 볼 수 없습니다."

"그것은 그 자체니까요." 제가 말했습니다.

"맞습니다. 그런 상황에서 명상 후 상태가 진정으로 고정됩니다. 이제 그 상태는 당신의 것입니다. 마음이 새로운 것을 갈망하기 시작할 때까지 당신은 별로 느끼지 않는 상태에 머물러 있습니다. 그 갈망이 다음 상태를 촉발하는 겁니다."

"그리고 전체 과정을 다시 반복하는군요."

"그렇지요. 상태를 활성화하고, 흡수하고, 확보하는 이 모든 과정이 제2의 본성이 되어야 합니다. 결국 이 여정에는 넘어야 할 상태가 아주 많습니다. 여정을 진행하면서 각각의 상태가 이전보다 더 세밀하고 미묘하다는 사실도 깨닫습니다. 우리의 지각이 계속해서 더 세밀해지지 않으면 그 미세한 조건을 모두 놓치고 말 것입니다. 그러면 우리는 그것과 하나가 되어 그것을 흡수하거나 확보하는 것은 물론 그것에 활기를 불어넣을 수 없습니다."

"어떻게 하면 우리의 지각을 더 섬세하게 만들 수 있을까요?" 제가 물었습니다.

"이것은 새로운 언어를 배우는 것과 같습니다. 우리는 점차 그것을 습득하지만 이는 우리 자신을 관찰하고 각 상태에 세심하게 주의를 기울일 때만 가능합니다. 그 구체적인 방법은 이미 설명했습니다. 더 높은 단계에서는 조건이 매우 미묘해서 인식하기가 거의 불가능하므로 이 습관을 최대한 빨리 시작해야 합니다. 우리가 그것을 인식할 수 없으면 우리는 앞으로 나아가지 못합니다. 그러나 여정에서 내면 감각을 점진적으로 조율했다면 당신은 그 미세한 상태를 다룰 수 있을 것입니다. 더 미세한 상태를 거쳐 결국 가장 미묘한 상태, 즉 상태 없는 상태에 도달합니다."

"우리는 가끔 분주한 일상에서 정신이 산만해지기도 합니다. 그럴 때면 명상으로 얻은 상태를 잃어버린 것처럼 느낄 수 있습니다. 다시 명상하지 않고도 그 상태를 되찾을 수 있을까요?"

"다시 두 번째로 명상할 필요는 없습니다. 잠시 멈춰 서서 눈을 감고 가슴과 다시 연결하면 됩니다. 그러면 자동으로 자신의 상태를 떠올릴 수 있습니다. 그 상태가 어떤 느낌인지 의식적으로 떠올릴 수도 있습니다. 우리는 기억함으로써 그것을 재현합니다. 아침에는 깊은 명상 상태에 들어가는 데 한 시간이 걸렸을지 모르지만, 이제는 단 몇 초 만에 사마디 직전에 도달하는 자신을 발견할 수 있습니다."

"어떻게 한 시간이 걸리던 상태를 단 몇 초 만에 재현할 수 있습니까?" 제가 물었습니다.

"아침 명상으로 이미 길을 만들어서 그렇습니다. 길을 만들었으니 이제 그 길을 따라가기만 하면 그만입니다. 그저 가슴에 주목하면 그 길은 저절로 나타납니다. 이 모든 것은 명상을 많이 할수록 더 쉬워집니다."

명상

- 편안하게 앉습니다. 매일 같은 시간과 장소에서 소음이나 방해 요소 없이 명상할 수 있는 곳이면 좋습니다.

- 부드럽게 눈을 감습니다. 주의를 당신의 가슴에 집중합니다. 신성한 빛이 그곳에 존재하고 그 빛이 내면에서 당신을 끌어당기고 있습니다. 가만히 그 느낌 안으로 들어갑니다. 더 깊은 상태까지 이완할 수도 있습니다.

- 명상을 완성했다고 느낄 때까지 그대로 명상 상태를 유지하십시오. 명상이 끝나면 천천히 눈을 뜹니다. 몇 분 더 명상 상태를 유지하되 눈을 살짝 뜬 반개 상태로 명상합니다. 가만히 있으면서 명상 후의 느낌을 관찰합니다. 관찰한 내용을 명상 일기에 기록합니다. 준비되었다고 느끼면 일어나서 하루를 시작합니다.

4장

정화

Cleaning

정화행법은 하트풀니스의 두 번째 핵심 수행법입니다. 이 정화행법의 목적은 우리가 사고 패턴, 감정적 반응, 행동 경향에서 자유로워지는 데 있습니다. 정화의 결과는 뚜렷하고 즉각적입니다. 제 경험에 따르면 단 몇 분의 정화행법도 큰 효과를 냅니다. 저는 그것이 즉시 태도를 바꿔주고, 기분을 좋게 하며, 관점을 넓혀준다는 것을 발견했습니다. 수년간 다양한 사고 패턴, 격한 감정, 강박적 행동에서 벗어나는 데도 많은 도움을 받았습니다.

정화가 효과적인 이유 중 하나는 드러나는 증상과 원인을 모두 해결할 수 있기 때문입니다. 그것은 정신적, 정서적 복잡성의 영향에서 우리를 자유롭게 해줄 뿐 아니라 그 원인을 근본적으로 제거합니다.

"정화법이 정확히 어떻게 우리를 변화시키는 걸까요?" 제가 물었습니다.

"우리가 직면한 문제를 한번 봅시다. 우리는 물이 같은 지표면 위를 계속 흐르면 천천히 물길을 만드는 것을 볼 수 있습니다. 결국 이것은 흐르는 강이 될 수 있습니다. 마찬가지로 우리가 무언가를 반복해서 생각하면 우리 생각은 마음속에 물길을 만듭니다. 생각이 그곳으로 이동할 때마다 그 물길은 깊어지고, 생각이 계속해서 그곳으로 흘러가도록 길을 넓혀줍니다. 이런 식으로 하나의 생각은 하나의 사고 경향으로 발전할 수 있습니다.

우리 마음에는 헤아릴 수 없이 많은 채널이 있습니다. 이들은 아주 크고 복잡한 네트워크를 형성합니다. 우리의 사고가 이런 통로에 갇히면 우리는 편협하고 습관적으로 생각합니다. 우리는 취향이 더 까다롭고 고집스러워지지요. 생각은 행동을 낳고 우리의 정신적 경향은 습관화한 행동을 만듭니다.

성향에는 그 자체의 추진력이 있습니다. 그것은 쉽사리 꺾이지 않지요. 우리는 간혹 그 성향으로부터 마음을 돌리는 데 어려움을 겪습니다. 그 끌림이 너무 강하기 때문입니다! 그래서 우리는 보통 그것과 싸웁니다. 그 싸움은 기름칠한 돼지와 진흙탕에서 씨름하는 것과 같습니다. 그러니까 이길 방법이 없습니다! 자신을 바꾸고 싶어도 바꾸고 싶은 것에 집중할 수가 없습니다. 싸우려 할수록 없애고 싶은 바로 그 강박관념만 강화할뿐입니다. 많은 부모가 이를 알고 있습니다. 어린 자녀를 훈육할 때 우리는 간혹 부정적으로 말합니다. '하지 말아야 해, 하지 마, 이건 피해야 해, 저것도 피해야 해'라고 말하지요. 과연 효과가 있을까요? 아이들은 오히려 더 고집을 부립니다. 차라리 주의를 다른 곳으로 돌리는 게 더 낫습니다. '초콜릿은 안 돼'라고 말하기보다 '대신 이걸 먹자'라고 말하는 것입니다. 우리는 부정적인 것에 초점을 두는 대신 긍정적인 것에 집중합니다. 우리는 거짓말하지 않겠다고 결심하는 대신 단순히 진실을 말합니다. 그러나 이 접근 방식도 성향이 너무 강하면 실패합니다.

우리는 가장 깊은 수준, 즉 잠재의식 수준에서 문제를 해결해야 합니다. 그곳이 문제의 근원이 있는 곳이니까요. 그런데 잠재의식은 '의식 아래'라는 뜻이지요. 이 말은 잠재의식은 의식적인 조작이 거의 불가능함을 의미합니다. 의도적 행동은 바꿀 수 있겠지만 그렇다고 무의식적 행동까지 바꿀 수 있을까요? 그것은 부지불식간에 영향을 미칩니다. 잠재의식은 우리의 인식 범위 아래에서 발생합니다. 우리가 무언가를 거의 인식하지도 못한다면 그걸 어떻게 바꿀 수 있겠습니까? 이것이 바로 우리가 자신을 변화시키려 할 때 직면하는 가장 큰 장애물입니다."

"그렇다면 잠재의식을 다루는 데는 특별한 접근 방식이 필요하겠군요." 제가 말했습니다.

"당연하지요. 보통 잠재의식이 우리의 일상 경험에 어느 정도 영향을 미치는지 우리는 자각하지 못합니다. 잠재의식의 엄청난 영향력과 그것이 순간순간 우리의 의식적 인식을 끌어내는 방식을 모르는 겁니다.

하지만 우리의 의식적 생각이 단순히 잠재의식의 산물인 일방적인 관계는 아닙니다. 그 관계는 일방적이라기보다 오히려 순환적입니다.

잠재의식과 의식적 생각 사이의 상호작용을 이해하는 또 한 가지 방법은 정원에 비유하는 것입니다. 의식적 생각은 잠재의식의 비옥한 땅에 뿌려진 씨앗과 같습니다. 그 씨앗은 잠재의식 속에서 발아합니다. 결국 그것은 우리의 의식적 인식으로 꽃을 피우고 비슷하게 생각하는 지속적인 패턴을 만듭니다. 하나의 씨앗이 수천 개의 새로운 씨앗이 열리는 나무로 자라듯, 하나의 생각은 하나의 사고 경향으로 성장해 수천 개의 새로운 생각의 씨앗을 만들어낼 수 있습니다. 우리의 의식이 어떻게 그처럼 순식간에 복잡한 정글로 변하는지 아시겠지요!

정화법은 그 뿌리를 건드립니다. 이 방법은 우리의 사고와 행동 습관을 이해하거나 의식적으로 재프로그래밍하는 것이 아닙니다. 대신 잠재의식에 직접 작용합니다. 이는 마당에서 잡초를 뽑아내는 것과 같습니다. 잡초를 뽑을 때는 반드시 뿌리까지 뽑아야 합니다. 뿌리가 땅에 남아있으면 잡초는 계속해서 자라납니다. 마찬가지로 무엇이든 우리가 잠재의식에 심어놓은 것은 생각과 감정 형태로 계속 싹을 틔웁니다. 이러한 뿌리를 처리하지 않으면 변화를 위한 시도는 대개 실패하고 맙니다.”

다지는 잠시 말을 멈추었습니다.

“파탄잘리의《요가수트라》를 여러 번 이야기했지요. 지금까지 첫 번째 단계인 야마를 제외한 여덟 단계를 설명했습니다. 야마는 원치 않는 성향을 제거하는 것을 말합니다. 바로 이것이 우리가 정화법으로 이루고자 하는 것입니다. 우리는 명상으로 원치 않는 씨앗이 뿌리를 내릴 수 없는 내적 환경을 만들 수 있습니다. 그렇지만 기존 씨앗을 태워버리고 이미 깊숙이 박혀있는 복잡한 뿌리를 뽑아내는 것은 정화법입니다.

요가 철학에서는 잠재의식 속에 이미 심어진 생각의 씨앗을 삼스카라samskara 또는 인상imipression이라고 합니다.”

“모든 생각이 종국에는 잠재의식 속에 뿌리를 내리고 인상이 되는 건가요?” 제가 물었습니다.

“생각 자체가 아니라 생각의 감정적 내용이 심어지는 것입니다. 삼스카라는 감정적 기억입니다. 특정 생각과 결부된 감정이지요. 우리는 그 기억을 의식 수준에서 떠올리지 못할 수 있지만(실제 기억을 유지하지 못할 수도 있고) 그 '감정적' 내용은 분명 우리에게 남아있습니다. 이러한 감정적 내용은 대부분 휴면 상태입니다. 잠재의식 속에 숨겨져 있는 것이지요. 그렇지만 특정 감정과 공명하는 상황은 그 감정 상태를 촉발합니다. 이때 그 감정과 원래 연관된 생각, 즉 상위 생각과 비슷한 생각이 떠오릅니다. 생각과 감정을 반복하면 우리 반응은 습관적으로 변합니다."

"그래서 우리 감정이 잠재의식 속에 삼스카라를 만드는 것이군요."

"그렇습니다. 그런데 모든 생각에는 감정적 내용이 들어있습니다. 얼마나 많은 감정이 들어있는지는 단지 정도의 문제일 뿐입니다. 생각과 관련된 감정이 특별히 강렬하지 않아도 그 생각에는 적어도 긍정적이거나 부정적인 '경향'이 있습니다. 완전히 중립적인 생각은 없습니다. 완전히 중립적이면 생각이 전혀 없는 것이겠지요. 그것은 순수한 지각, 순수한 관조 상태입니다. 생각의 감정적 강도가 클수록 잠재의식의 영향력은 더 강해집니다. 그 삼스카라나 인상은 더 강해질 것입니다.

우리는 흔히 생각을 마음과 관련짓고 감정을 가슴과 연관 짓습니다. 저는 생각 없이 감정이 있을 수 없고 감정 없이 생각이 있을 수 없으니 가슴-마음 영역heart-mind field으로 보는 것을 더 선호합니다. 그런데 영적 수행을 하다 보면 가슴에서 편견이

완전히 없어지고, 좋아하거나 싫어하거나 선호하거나 선입견이 없는 때가 옵니다. 그때가 마음이 생각을 초월해 현실을 직접 인식하는 단순한 목격자가 되는 순간입니다. 그때까지 우리 생각은 가슴에 영향을 미치고, 가슴의 활동은 마음에 생각을 만들어냅니다."

"생각의 감정적 내용을 결정하는 것은 무엇인가요?" 제가 물었습니다.

"에고지요. 에고는 우리의 자아 감각입니다. 그것은 '나'라는 느낌입니다. 인상을 만들 때의 자아 역할을 진정 이해하려면 제가 잠시 지금의 이야기에서 벗어나도 양해해야 합니다. 자아라는 주제를 더 깊이 이야기해보죠."

"네, 그러시죠." 제가 말했습니다.

"좋습니다. 에고의 유일한 동기는 자기 보존입니다. 에고는 소멸을 두려워합니다. 따라서 자신을 강화하고 늘리기 위해 끊임없이 노력합니다.

에고는 흥미로운 존재입니다. 누군가가 우리에게 어디에서 감정을 느끼냐고 물으면 우리는 보통 심장을 가리킵니다. 무언가를 생각하는 건 어디냐고 물으면 머리를 가리킵니다. 에고는 어디에 있을까요? 실제로 에고는 어디에도 존재하지 않습니다. 그럼에도 불구하고 에고는 우리 삶을 지배하는 경향이 있지요.

에고는 가시적인 방식으로 존재하지 않기에 자신의 소유라고 여기는 것을 통해 입지를 확보합니다. 예를 들어 큰 집을 사면 에고는 '나는 이것이다'라고 선언합니다. 에고는 그 특정 소유물로 자신을 측정하고 정량화합니다. 이것이 에고가 자신의 존재를 스스로 증명하는 방법입니다.

여기서 '소유물'이란 물질적 소유물만 의미하는 것이 아닙니다. 그보다는 에고가 자신의 것이라고 주장하는 모든 것을 의미합니다. 에고는 '내 국적, 내 언어, 내 문화, 내 몸, 내 지성, 내 이데올로기'라고 말합니다. 그 무언가가 실제로 내 것이든 아니든 그것은 중요하지 않습니다. 정말 우리에게 속한 것은 무엇일까요? 영혼조차 우리 것이 아닙니다! 다만 에고가 소유권을 주장할 뿐입니다. 에고는 자신을 어떤 것과 동일시하고 그것에 관해 주인의식을 느낍니다.

보십시오, 이 '내 것'이라는 느낌에는 부작용이 있습니다. 무언가를 내 것으로 느낄 때 우리는 기대감을 키웁니다. 가령 '내 사업은 성공해야 해. 내 배우자는 매력적이어야 하지. 내 차는 고급이어야 해'라고 생각합니다. 다른 사람의 사업, 배우자, 자동차에는 신경 쓰지 않습니다. 반면 자신의 에고를 투영한 것에는 상당히 신경 씁니다. 기대치를 충족하거나 초과하면 우리는 행복해하며 긍정적으로 반응합니다. 기대를 충족하지 못하면 부정적으로 반응합니다."

"그러니까 에고가 개입하지 않으면 감정적 반응도 없고, 결국 인상도 생기지 않는다는 거군요."

"맞습니다. 에고는 인지한 소유권에 근거해 특정 결과의 권리가 자신에게 있다고 느낍니다. 그래서 그에 따라 반응하고 우리는 인상을 형성합니다. 반응은 긍정적이거나 부정적일 수 있다는 점을 기억하십시오. 그것은 어떤 것에 긍정적이거나 부정적입니다. 모든 반응에는 호감이나 비호감, 매력이나 혐오, 욕망이나 두려움이 담겨있습니다. 중립적이라는 것은 반응하지 않는 것이므로 중립적 반응이란 존재하지 않습니다."

"그러면 감정이 에고에서 비롯된다는 말씀인가요?" 제가 물었습니다.

"네, 감정은 에고에서 나오지만 느낌은 아닙니다. 감정에는 편견이 있습니다. 어떤 것은 좋아하고 또 어떤 것은 싫어합니다. 반면 느낌에는 선호나 편견이 없습니다. 가슴에서 우러나오기 때문에 관대하고 포용적입니다. 에고를 내려놓으면 진정한 감정이 자연스럽게 드러납니다.

이러한 감정적 반응은 우리를 온전하게 남겨두지 않습니다. 우리는 항상 우리의 반응에 가장 큰 타격을 받습니다. 그것은 우리의 의식에 영향을 미치고 정서와 심리 상태로 나타납니다."

"그리고 이러한 현상은 포인트 A, B, C, D 때문에 일어나는 거군요." 제가 말했습니다.

가슴 부위에는 우리가 A, B, C, D라고 부르는 네 개의 포인트가 있습니다. 이 네 포인트는 우리의 반응이 우리에게 미칠 정확한 영향을 결정합니다. 1945년 바부지는 포인트 A와 B를 발견했습니다. 포인트 C와 D는 최근 발견했습니다. 다지는 지금도 해부학의 미묘하고 영적인 많은 측면이 우리에게 드러나고 있다고 말합니다.

2015년 다지는 포인트 C와 D의 위치를 공개적으로 밝혔습니다. 그는 이미 사석에서 제게 그 존재를 언급했으나 위치는 말하지 않았었지요. 어느 날 저는 그에게 편지를 써서 그것이 어디에 있는지 물었습니다. 그는 이렇게 답했습니다.

"직접 찾아서 결과를 보내주세요."

저는 하루 동안 그 포인트의 위치를 직접 파악한 뒤, 제가 생각하는 위치를 그림으로 그려 다지에게 보냈습니다.

그는 답장을 보내면서 "오른쪽으로 약간 더 이동하면 정확할 겁니다. 이것을 다른 이들에게 알리지는 마십시오. 그러면 다른 사람들이 새로운 것을 발견하는 기쁨을 빼앗을 테니까요!"라고 말했습니다.

그렇지만 이제는 그 포인트의 위치를 모두 공개했으므로 공유할 수 있습니다. 포인트 A, B, C, D를 찾을 때는 흉곽이 시작되는 흉골 아래쪽에서 출발합니다. 자신의 손을 이용해서 흉골에서 손가락 한 개 너비 아래를 측정합니다. 그 위치에서 손가락 네 개 너비만큼 왼쪽으로 이동한 자리가 포인트 B입니다. 포인트 B에서 손가락 두 개 너비만큼 위로 올라간 지점이 포인트 A입니다. 포인트 C는 포인트 B에서 수직으로 내려가 늑골과 만나는 지점입니다. 포인트 D는 포인트 C에서 두 손가락 너비만큼 왼쪽으로 이동한 위치로, 왼 젖꼭지 아래 위치합니다.

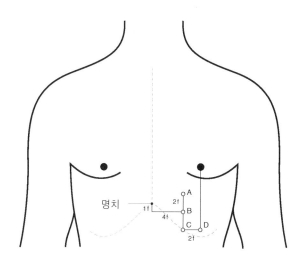

다지는 "네 포인트의 기능은 매우 중요합니다"라고 말했습니다. "네 포인트는 가슴과 긴밀하게 연결되어 있고 가슴은 우리의 정신과 감정 상태에 큰 영향을 미칩니다. 우리가 어떤 것을 좋아하거나 싫어하는 반응을 보일 때마다 포인트 C에서 특정 진동이 일어납니다. 실제로 당신은 그걸 느낄 수 있습니다. 저는 사람들이 그것을 알아차리려고 노력하길 바랍니다. 이제 반응의 강도(진동의 성격)에 따라 파급 효과가 발생합니다. 그 파동은 진동이 포인트 C에서 포인트 A, B 또는 D로 나아가게 합니다.

포인트 A는 물질적인 삶과 연관되어 있으므로, 우리의 반응이 세속적 호불호와 관련될 때마다 포인트 C의 진동이 포인트 A에 파급되고 이는 결국 포인트 A를 교란합니다."

"포인트 A를 교란하면 어떻게 되나요?" 제가 물었습니다.

"당신이 고급스러운 아파트를 보고 '정말 멋진 아파트다'라고 말했다고 가정해봅시다. 그 호감의 느낌은 다소 가벼운 인상을 줍니다. 그 결과 포인트 C의 진동도 가볍고, 물질적 욕망 자리인 포인트 A로의 파급 효과도 약합니다. 이제 당신은 이 생각에 잠겨 그 아파트에서 살고 싶다고 생각합니다. 그러면 포인트 C의 진동이 좀 더 강해지고 이것이 포인트 A에 반영돼 더 많이 집착하고 고집을 부립니다. '이 아파트를 가져야 해!'라고 생각하지요. 그 교란은 매우 커지고 감정 상태는 극단으로 흐릅니다. 이제 당신은 그 욕망을 충족하는 데 집착합니다. 그 욕구를 충족하지 못할까 봐 걱정할 수도 있습니다. 두 경우 모두 안절부절 못하게 만들고 그것이 평화를 앗아갑니다.

그럼 포인트 B를 살펴봅시다. 이 포인트는 섹슈얼리티와 관련이 있습니다. 성적 충동에 따라 반응할 때마다 포인트 C의 진동이 포인트 B로 파급되어 열정을 불러일으킵니다.

D는 죄책감 포인트입니다. 우리가 양심을 무시할 때 포인트 D에서 죄책감을 형성합니다. 죄책감의 영향은 시스템을 극도로 무겁게 만듭니다. 죄책감은 잘못된 행동을 했을 때뿐 아니라 해야 할 행동을 하지 않았을 때도 발생합니다. 예를 들어 당신이 의사인데 길가에서 다친 사람을 봤다고 가정해봅시다. 그때 당신은 가던 길을 계속 갔습니다. '다른 사람이 도와주겠지' 하고 생각하면서 말이지요. 다음 날 당신은 그 사람이 사망했다는 신문 기사를 읽습니다. 누구도 다친 사람을 돕기 위해 멈추지 않았던 것입니다! 그 죄책감은 당신을 평생 괴롭힐 것입니다. 행동하지 않아서 생기는 죄책감은 잘못된 행동에 따른 죄책감보다 왠지 더 괴롭습니다.

포인트 A, B, C, D에 존재하는 진동은 서서히 가라앉거나 응축해 바부지께서 '(불순물과 복잡성의) 총합grossness'이라 부른 것을 생성합니다. 이들 포인트는 너무 많은 총합은 감당하지 못합니다. 그들은 포화 상태에 이릅니다. 이들 포인트가 더 이상 총합을 처리할 수 없으면 총합은 증발해 다른 포인트에 도달하는데, 이 포인트는 다른 주제이므로 지금 여기서는 다루지 않겠습니다. 그렇지만 그 결과 우리는 일련의 심리적, 정서적 영향을 경험합니다."

"정화법이 그러한 교란을 없애주는군요." 제가 말했습니다.

"그렇습니다. 결국 우리의 심리 상태는 정상화하고 감정은 균형을 이루며 특정 감정에 집착하는 것을 멈춥니다."

"우리 자신을 정화하지 못하면 어떻게 되나요?"

"밭을 가꾸지 않고 방치하면 어떻게 되는지 본 적이 있습니까?" 그가 되물었습니다.

"풀이 무성해지지요."

"그리고 결국에는 다시 숲으로 변합니다. 삼스카라는 제거하지 않으면 줄어들지 않고 계속 자랍니다. 그것은 계속 강해지고 심지어 새로운 삼스카라를 낳기도 합니다."

"그 과정은 어떻게 진행되나요?"

"어느 날 길을 걷는데 웬 낯선 사람이 당신을 모욕한다고 가정해봅시다. 그 모욕이 당신에게 영향을 줄까요, 주지 않을까요? 그것은 당신에게 달려있습니다. 누군가는 웃어넘기지만 다른 누군가는 싸우고 싶어 합니다. 또 다른 누군가는 그 일로 하루 종일 고민할 수도 있습니다. 특정 자극에 반응하는 사람이 있는가 하면 그렇지 않은 사람도 있는 겁니다. 반응하는 사람들 사이에서도 같은 자극에 보이는 반응은 각기 다릅니다. 같은 자극에도 사람마다 반응이 다르고 혹은 전혀 반응하지 않을 수 있다면, 반응에 따른 모든 책임이 그 자극에 있다고 할 수 있을까요?"

"아니요."

"반응은 외부의 자극과 내면의 무언가가 결합되어 당신의 반응을 촉발하는 것입니다. 당신이 그런 유형의 자극에 영향받기

쉬운 성향이 아니면 그 자극은 당신에게 어떠한 영향도 미치지 않습니다. 당신 안에 있는 그 무언가가 당신의 삼스카라입니다.

모든 정신과 감정 상태에는 '원초적primal' 원인과 '근접proxi-mal' 원인이 있습니다. 원초적 원인은 내면의 영향력, 즉 이미 내 안에 있는 무의식적 영향력으로 곧 삼스카라입니다. 이 경우 특정 방식으로 모욕에 반응하려는 경향을 보입니다. 모욕이 당신을 짜증 나게 한다고 가정해봅시다. 원초적 원인은 당신을 짜증 나게 하는 삼스카라, 즉 인상입니다. 근접 원인은 외부의 영향, 즉 자극입니다. 휘발유에 불을 붙이는 것은 불꽃이지요."

"모욕이군요." 제가 대답했습니다.

"네. 그리고 어떤 자극이든 그럴 수 있습니다. 그 방아쇠가 무엇이든 당신은 방아쇠 없이는 반응하지 않을 것입니다. 당신의 삼스카라, 즉 원초적인 내면의 원인은 외부 자극 그러니까 근접 원인 없이는 촉발되지 않습니다. 근접 원인이 없으면 자극은 휴면 상태로 남아있습니다. 이는 마치 풀숲의 뱀처럼 조용히 누워 적절한 순간, 적절한 환경을 기다리는 것과 같습니다. 그러다가 근접 원인이 나타나면 삼스카라는 포효하며 살아납니다. 삼스카라는 일어나 우리 반응의 촉매제로 작용합니다.

삼스카라가 어떻게 발달하는지 물었지요? 그 답은 새로운 삼스카라는 오래된 삼스카라를 기반으로 만들어진다는 것입니다. 뱀이 누군가를 물었다고 가정해보겠습니다. 이제 그에게는 뱀 공포증이 생깁니다. 실제로 그 두려움은 뱀을 향한 두려움이 아닙니다. 그는 뱀을 가장한 죽음을 두려워하는 겁니다. 뱀에게 물린 것은 근접 원인입니다. 근접 원인이 기존의 삼스카라를 촉발해 죽음을 두려워하게 만든 것이지요. 그 삼스카라에 뱀을 향한 두려움이라는 새로운 삼스카라가 생긴 겁니다.

삼스카라 형성은 점진적으로 이뤄집니다. 새로운 삼스카라는 이전 삼스카라에서 파생합니다. 이는 마치 우리가 학습하는 과정과 같습니다. 알파벳을 모르면 셰익스피어를 읽을 수 없는 것처럼 말이지요. 물리학을 모르면 리처드 파인만을 이해할 수 없습니다. 마찬가지로 우리가 주변 세계를 이해하는 것은 이전 경험에 따라 달라집니다."

"그렇지만 모든 인상이 경험의 결과인 것은 아닙니다. 물론 뱀에게 물린 경험 때문에 뱀 공포증이 생긴 사람도 있을 겁니다. 그러나 공포증이 항상 개인적 경험에서 비롯되는 것은 아닙니다. 뱀에게 물린 적 없어도 뱀을 두려워할 수 있습니다." 제가 말했습니다.

"어떤 사람은 이런 것을 환상적인 방식으로 이해하려 합니다. 그들은 그런 사람은 전생에 뱀에게 물렸을 거라고 말합니다! 그것은 게으른 주장입니다. 예를 들어 많은 사람이 비행을 두려워합니다. 같은 논리라면 그들은 전생에 비행기 추락 사고를 당했을 겁니다. 하지만 비행기는 겨우 지난 100년 동안 존재했을 뿐입니다! 그것은 답이 될 수 없습니다. 공포증은 우리 경험에서 비롯되지만 그 경험을 현실로 느끼기 위해 반드시 현실화할 필요는 없습니다. 이를테면 무서운 뱀을 상상하고 두려움을 느끼기 시작할 수 있습니다. 뱀은 실재하지 않아도 그 감정은 실재합니다. 상상은 죽음과 관련해 실제 두려움을 유발합니다. 그 생각이 근본적인 공포와 연결되면 자동으로 공포증이 됩니다. 이는 공포와 공포증에만 해당하는 게 아닙니다. 어떤 생각이 기존 삼스카라와 연결되면 새로운 삼스카라를 형성할 수 있습니다.

삼스카라는 나무와 같습니다. 죽음에 보이는 두려움을 다시 생각해봅시다. 그것은 나무의 줄기입니다. 그 줄기에서 새로운 가지가 돋아납니다. 그것이 바로 당신의 공포증입니다. 그 나무는 두려움과 관련된 모든 인상의 집합체입니다. 그것은 두려움의 네트워크이자 의식 속 두려움의 역학입니다."

"그리고 우리 의식은 다른 많은 종류의 나무로 가득 차 있기도 합니다!" 제가 말했습니다.

"그렇습니다. 각 나무에서 새로운 나무가 자랄 수도 있습니다. 궁극적으로 우리 의식은 복잡한 정글이 될 수 있습니다! 각각의 삼스카라는 우리 의식에서 각자 자리를 차지합니다. 우리 에너지는 이러한 삼스카라 패턴에 완전히 묶여있습니다. 그것은 우리 생각을 지배하고 우리가 그것을 추구하게끔 합니다. 삼스카라 정글의 밀도가 높아질수록 우리 의식은 약해집니다. 에너지는 묶이고 공간은 채워집니다.

앞서 우리는 인간의 시스템이 어떻게 총합으로 가득 차는지 이야기했습니다."

"견고해진 인상입니다." 제가 말했습니다.

"네. 이제 자연이 개입해 '보가bhoga'로 알려진 과정을 거쳐 우리 시스템에서 이러한 총합을 제거합니다. 보가는 '경험'이라는 뜻입니다. 우리는 살아가면서 수많은 것을 경험합니다. 요가 철학은 그런 경험을 단지 보가라고 말합니다. 그것은 우리가 과거에 받은 인상의 영향이고 이제 우리는 실질적인 방식으로 겪어야 합니다.

일반적으로 우리는 보가를 겪는 과정(즉, 삶의 경험)에 반응합니다. 그 반응의 결과로 우리는 새로운 삼스카라를 형성합니다."

"그래서 그 과정이 절대 끝나지 않는 거고요. 우리는 인상을 만들고 그것은 삶의 경험으로 열매를 맺으며, 그런 다음 우리는 새로운 인상을 형성합니다. 마치 보가는 우리를 인상에서 해방하는 대신 인상을 영속화하는 것 같습니다." 제가 말했습니다.

"우리가 인상을 영구화하는 것이지요. 아무 이유 없이 고통받는 것처럼 느껴지면 우리는 반응합니다. 일반적으로 우리는 불행을 겪을 때 혼란스러워하고 괴로워합니다. '왜?'라고 묻기도 합니다. 우리는 신께 '도대체 뭐 하는 겁니까?'라고 불평합니다.

이런 반응은 새로운 인상을 만들 뿐 아니라 내면에서 독을 만들고 위에서 내려오는 은혜를 비껴가게 합니다. 또한 보가는 고통 형태로만 나타나는 게 아닙니다. 즐거움도 보가의 한 표현입니다. 하지만 기억하십시오. 모든 반응은 인상을 남깁니다!"

"그러니까 보가는 우리가 반응하지 않을 때만 도움을 주는 거군요." 제가 말했습니다.

"그렇지요. 반응하지 않으면 그것은 엄청난 도움을 줍니다. 그것이 어떤 상황에서도 고요하고 쾌활한 상태를 유지하는 지혜입니다."

그는 일어서서 책꽂이에서 책 한 권을 꺼냈습니다.

"여길 보십시오. 바부지께서는 이렇게 쓰셨습니다.

'외부의 도움은 다른 사람의 잘못된 행동으로 인해 고통받는 형태로 오는데, 무지 탓에 사람들은 이를 두고 잘못된 생각을 합니다. 이것은 매우 부적절합니다. 왜냐하면 그들의 행동은 정화를 도왔고 실제로 당신에게 어떤 빚진 마음이 생기기 때문입니다. 이 경우 외부에서 온 그 고통은 다른 말로 하면 진정한 친구의 기능을 제공한 셈입니다.' (찬드라, 2009)"

다지는 이어서 말했습니다.

"우리는 자기 자신이나 다른 사람이 어떤 운명을 자초했다고 비난해서는 안 됩니다. 우리는 '네가 삼스카라를 만들어서 이런 일이 일어났다'라며 누군가를 손가락질할 수 없습니다. 실제로 저는 사람들이 '나는 자연을 함부로 건드릴 수 없다'라면서 고통받는 사람을 도와주지 않는 경우를 보기도 했습니다. 이것은 비인간적인 행동입니다. 다른 이들의 고통을 덜어주기 위해 개입하는 것은 우리의 의무입니다. 더 나쁜 것은 누군가를 학대하면서 정화를 돕고 있다며 비뚤어진 공언을 하는 것입니다! 사람들이 자학하고 자책하는 전통도 있습니다. 이것은 부정적인 접근 방식으로 우리를 확실히 더 혼란스럽게 만듭니다. 우리는 고통을 초래할 필요가 없습니다. 물론 피할 수 없는 고통이라면 긍정적인 태도로 기꺼이 받아들일 수 있어야 합니다."

"이게 우리가 과거 행동의 결과를 겪어야 한다는 업 개념과 같은 건가요?" 제가 물었습니다.

"우리가 겪는 것은 사실 행동의 결과가 아니라 삼스카라의 결과입니다. 아무런 인상도 남기지 않고 행동하면 아무 결과도 없을 겁니다. 어떤 식으로든 그에 따른 영향을 받지 않습니다. 그 유명한 부메랑 효과를 일으키는 것은 바로 삼스카라입니다. 예를 들어 무언가를 구매했다가 나중에 반품하기로 했다고 가정해봅시다. 판매 청구서가 없으면 환불받을 근거가 없습니다. 인상은 우주의 판매 청구서와 같습니다. 그것은 우리 행동을 그 결과와 연결해줍니다. 인상이 없으면 그 행동은 결코 우리에게 돌아오지 못합니다. 보가는 인상을 제거하는 자연의 방식이라는 것을 기억하십시오. 제거할 인상이 없으면 보가도 없습니다.

보가의 목적은 우리를 처벌하거나 보상하는 것이 아니라는 점을 이해해야 합니다. 보가는 우리에게 교훈을 주고자 존재하는 것도 아닙니다. 《마하바라타》에 나오는 유명한 이야기가 있습니다. 위대한 전사 비슈마가 전투에서 쓰러졌습니다. 그가 화살에 맞아 치명상을 입고 누워있을 때 크리슈나 신께서 그에게 다가왔습니다. '무엇 때문에 제가 이렇게 죽어야 하는 것입니까?' 비슈마가 물었습니다. '수백 개 전생을 살펴봤으나 이 운명의 원인이 될 만한 것은 찾지 못했습니다.'

'그 너머를 보라.' 크리슈나께서 말씀하셨습니다.

'저는 그 너머가 보이지 않습니다.'

'내가 보아주마. 어느 전생에 그대는 왕자였다. 어느 날 그대가 뱀의 꼬리를 잡고 빙글빙글 돌려서 던졌다. 그 뱀은 가시덤불에 떨어져 죽었다. 지금 그대가 처한 상황은 그 행위의 결과다. 이 화살이 그대에게 죽음의 화살이 된 이유다.'

비슈마가 한 행동의 결과가 즉시 나타났다면 그는 자신의 행동과 그 결과 사이의 상관관계를 이해했을 것입니다. 거기에서 무언가를 배우고 자신을 바로잡을 수도 있었을 거고요. 그러나 원인과 결과 사이에 많은 시간이 경과하면 우리는 그 관계를 알지 못합니다. 우리는 실제로 작동하는 인과관계를 못 봅니다. 이럴 때 어떻게 경험에서 무언가를 배울 수 있을까요?

자연은 우리에게 교훈을 주려고 하는 게 아닙니다. 그것은 단지 우리의 의식이 순수하고 가벼워지도록 인상의 무게로부터 우리를 자유롭게 해줄 뿐입니다."

"자연은 왜 우리의 삼스카라를 제거하길 원할까요?"제가 물었습니다.

"자연의 조절 목적은 시스템을 순수하게 유지하는 것입니다. 인상이 잠재의식에 정착하면 의식과 영혼 사이에 진동 완충장치를 형성합니다. 인상은 영혼에 닿지는 않지만 영혼 주위에 하나의 층을 만듭니다. 그래서 우리는 내면의 근원과 고립된 상태를 유지합니다. 이런 상황은 본질적으로 불완전함을 나타냅니다.

하지만 자연의 보가 과정은 천천히 진행됩니다. 보가로 인상은 하나하나 제거되고 우리는 각각의 효과를 겪어야 합니다. 이 과정은 시간이 걸리고 우리는 그 과정에서 많은 고통을 겪지요. 한편 우리는 기존 인상을 제거하는 속도보다 더 빠른 속도로 새로운 인상을 추가합니다!

또한 우리의 인상이 너무 많아서 보가 수행만으로는 한 생애 동안 모두 소진할 수 없습니다. 이런 이유로 동양의 많은 영적 전통에서는 한 생으로는 그 영향에서 벗어날 수 없다고 강조합니다. 그렇지만 정화로 인상을 대량으로 제거하면 이번 생을 사는 동안 모든 인상을 없앨 수 있습니다."

"제가 읽은 요가 문헌에서는 삼스카라를 제거하는 방법을 본

적이 없습니다. 대신 부정적 삼스카라를 긍정적 삼스카라로 바꾸는 데 초점을 두는 것 같았어요."제가 말했습니다.

"삼스카라는 불순물입니다. 좋은 불순물과 나쁜 불순물이 있을 수 있을까요? 그저 불순물만 있을 뿐입니다. 선한 사람의 삼스카라는 선행하도록 만듭니다. 나쁜 사람의 삼스카라는 나쁜 행위를 하게 만들지요. 이 두 사람이 서로 그렇게 다른가요? 둘 다 사슬에 묶여있습니다. 유일한 차이점은 한 사슬은 황금으로, 다른 사슬은 철로 만들어졌다는 것뿐입니다. 사슬을 철로 만들었든 황금으로 만들었든 우리를 묶는 것은 똑같습니다. 따라서 우리는 좋은 삼스카라와 나쁜 삼스카라를 구별하지 않습니다. 하트풀니스 정화법도 구분하지 않습니다. 좋은 것이든 나쁜 것이든 모든 것을 흘려보냅니다."

"그건 우리에게 자유 의지가 없다는 뜻입니까? 우리 삶은 그저 삼스카라에 좌우되는 것입니까?"제가 물었습니다.

"전혀 그렇지 않습니다. 우리에게는 분명 자유 의지가 있으며 사실 그것이 우리의 문제입니다! 우리에게는 항상 마음의 순수한 신호를 따르거나 그 신호를 무시하고 삼스카라의 끌림에 굴복할 수 있는 자유가 있습니다. 그것은 우리의 선택이며 책임 또한 우리의 몫입니다."

"그렇다면 삼스카라를 다루는 데는 두 가지 측면이 있겠네요. 하나는 가슴과 연결되어 삼스카라의 끌림에 반응하지 않는 것입니다. 다른 하나는 정화법이나 보가로 삼스카라를 제거하는 것이고요.” 제가 말했습니다.

“네. 우리는 개별적으로 제거하는 보가와 달리 정화법으로 인상을 대량으로 제거합니다. 또한 정화법은 인상이 경험으로 나타나기 전에 인상을 제거합니다. 인상의 영향을 경험하기 전에 제거한다는 것은 마취 상태에서 수술받는 것과 같습니다. 우리는 그 영향을 전혀 경험하지 않는 것이지요.

하트풀니스 트레이너와 함께 명상하면 더 깊은 정화가 일어납니다. 사실 트레이너와 함께 처음 앉았을 때 삼스카라 건축물의 기초를 완전히 제거합니다. 온전한 기초 없이는 어떤 건물도 서 있지 못합니다. 조만간 무너질 수밖에 없습니다.

이 정화 과정에서 우리가 할 일은 매일 하루를 마무리하면서 각자 정화 작업을 하는 것입니다. 그렇게 함으로써 우리는 그날 쌓인 삼스카라 축적물을 제거할 수 있습니다. 트레이너와 함께 규칙적으로 앉아있으면 삶의 일부에서 삼스카라로 인한 짐을 덜어낼 수 있습니다.

하지만 우리가 매일 삼스카라를 정화하고 한 달에 몇 번씩 좌선할지라도 새로운 인상을 만드는 것을 멈추지 않는 한 그 짐은 가벼워지지 않을 겁니다. 이는 마치 구멍 난 배를 수리하지 않고 그냥 내버려두는 것과 같습니다.”

“새로운 인상을 만들지 않는다는 것은 반응하지 않는 것을 의미합니다." 제가 말했습니다.

"네, 맞습니다." 다지가 응답했습니다.

"어떻게 하면 반응하지 않을 수 있습니까?" 제가 물었습니다.

"명상하십시오. 명상에서 우리는 생각을 흘려보내는 법을 배웁니다. 생각을 즐기지도 않고 그 생각과 싸우지도 않습니다. 떠오르는 생각은 우리 앞을 지나가는 한낱 꿈에 불과합니다. 깨어있는 상태에서도 명상할 때처럼 반응하지 않으면 우리는 인상 형성을 완전히 중단할 수 있습니다. 그러면 진정한 자유가 찾아옵니다. 우리 내면에서 수많은 외부 자극에 반응하는 것이 아무것도 없으므로 명상 상태를 유지하려 애쓸 필요도 없습니다. 우리는 본능에서 직관으로, 잠재의식에서 초의식으로, 반응하는 마음에서 감응하는 가슴으로 옮겨갑니다."

정화하기 Doing the Cleaning

정화법은 실용적으로 많이 활용하는 유용한 도구입니다. 정화법은 우리가 개인적인 한계를 뛰어넘도록 도와주고 삶의 엄청난 복잡성에 걸려 넘어지는 것을 방지해줍니다. 저는 정화법 덕분에 인생의 큰 실수에서 벗어날 수 있었던 경우가 정말 많았습니다. 단 몇 분의 정화만으로도 많은 명료함과 지혜를 얻을 수 있습니다.

다지는 이렇게 말했습니다.

"저는 정화법이 모든 하트풀니스 수행법 중에서 가장 중요하다고 생각합니다. 차리지께서는 정화하지 않고 명상하는 것은 진흙탕에 빠진 멋진 차를 갖고 있는 것과 같다고 말씀하셨지요. 슈퍼카가 아무리 좋아도 도로가 나쁘면 아무 소용이 없습니다! 마찬가지로 아무리 명상을 많이 해도 정화하지 않으면 아름다운 내면 상태가 수많은 불순물로 덮여있어 멀리 갈 수 없습니다.

그렇지만 우리는 자신을 불순하거나 더럽다고 생각해서는 안 됩니다. 우리는 정화법으로 자신을 불순하다고 생각하지 않고 순수함을 향해 나아갑니다. 우리는 자신을 복잡하다고 생각하지 않고 단순함을 향해 나아갑니다. 삼스카라 아래서 우리는 이미 순수하고 단순합니다! 불순물은 결코 영혼에 닿지 않습니다. 그것은 단지 신성한 빛을 가리고 빛이 우리 의식을 비추는 것을 막을 뿐입니다. 그럴 때 우리 인식은 약화합니다. 우리는 덜 알아차립니다.

불순물과 복잡성만 제거하면 우리의 자연스러운 상태인 순수함과 단순함이 드러나기 시작합니다."

"그러니까 정화는 그냥 일상적으로 해야 한다는 거군요." 제가 말했습니다.

"맞습니다. 목욕이나 샤워할 때와 같은 기분으로 좋은 위생 습관처럼 하십시오. 목욕이나 양치질은 외적인 위생 문제입니다. 정화는 내면 위생에 관한 것입니다. 정화법은 당신의 의식을 수정처럼 맑게 만들어줍니다."

"불순물이란 삼스카라를 말하는 거지요?" 제가 물었습니다.

"네. 하지만 이런 건 모두 이론과 철학 영역 안에 있습니다. 실제로 정화하고 나면 몸이 매우 가벼워지는 것을 느낍니다. 굉장히 상쾌합니다. 그것은 느낌이 확실합니다. 그 느낌은 당신이 삼스카라 이론을 확신하든 그렇지 않든 상관없이 당신에게 동기를 부여할 겁니다. 홀가분해지는 그 감각 때문에 많은 사람이 이 방법을 사용하는 것 같습니다. 그들은 스스로 차이를 느끼고 감사하게 생각합니다.

시간이 지나면 우리 자신도 변화를 발견합니다. 많은 습관과 성향이 간단히 사라집니다. 때로는 그런 습관이 사라졌다는 사실조차 알아차리지 못합니다. 그러다 누군가가 '웬일이야? 예전에는 항상 짜증만 냈잖아'라고 말하겠지요. 당신은 '아, 그랬나?'라고 대답하겠지만 예전에 어땠는지 기억도 나지 않을 것입니다.

우리는 보통 저녁에 15분에서 30분 정도 정화를 합니다. 간혹 하루가 끝날 때까지 기다릴 수 없는 때도 있습니다. 부부싸움을 하거나 충격적인 일을 목격했을 수도 있지요. 그럴 때는 2~3분 동안만이라도 자리에 앉아 즉시 정화하십시오. 점심시간에

셔츠에 케첩을 흘렸을 경우 저녁까지 기다렸다가 닦거나 옷을 갈아입나요? 그리지 않을 겁니다. 그와 똑같은 상황입니다. 하루 종일 의식에 얼룩을 남기고 다니지 마십시오. 그 무거운 짐을 불필요하게 짊어지고 다니지 마십시오. 즉각 처리하십시오. 뭔가 극단적인 일이 발생해 마음이 몹시 불안하다면 하트풀니스 트레이너에게 연락해 시팅을 요청하십시오. 트레이너가 함께 명상하며 트랜스미션으로 도와줄 것입니다.

트레이너와 함께 앉아 명상할 때 트레이너는 명상하는 동안 우리를 정화해줍니다. 트레이너에게 받는 정화는 우리가 매일 개인 수련을 할 때보다 더 깊은 정화입니다. 시팅을 받을 때는 명상만 하고 트레이너가 알아서 하도록 내버려둡니다. 트레이너가 이미 우리를 대신해 정화하고 있으므로 그럴 때는 정화법을 사용하지 않습니다. 반면 우리가 스스로 정화법을 사용할 때는 그 시간에 명상하지 않습니다. 그냥 정해진 방법대로 정화할 뿐입니다."

"명상이 아니라 정화하고 있다는 것을 어떻게 확신할 수 있을까요?" 제가 물었습니다.

"명상할 때는 그냥 점점 더 깊이 이완합니다. 정화는 좀 더 적극적인 과정입니다. 정화할 때는 모든 것을 버리겠다는 의지를 사용하므로 정화를 위해 앉아있으면 의식이 깨어있어야 합니다. 그러나 가장 좋은 것은 애초에 인상을 만들지 않는 것입니다!"

다지가 웃으며 말을 이었습니다.

"논쟁 같은 특정 상황에서는 삼스카라가 생길 수밖에 없습니다. 논쟁을 시작하기 전에 이미 무슨 일이 일어날지 알지 않습니까. 상대방의 말이 마음에 들지 않을 거라는 걸 알고 있지요. 바로 그때 자각이 필요합니다. 어려운 대화를 시작하기 전에 상대방을 향한 연민과 이해를 자신에게 주입하십시오. 자기 자신도 이해해야 합니다! 자신이 어떻게 반응할지 알게 마련이니 그때 자신을 점검해보십시오.

보통 우리는 정화를 본질적으로 치료라고 생각합니다. 당신은 자신을 깨끗하게 하고 내면 상태를 정상화하기 위해 정화를 합니다. 그런데 정화에는 예방 목적도 있습니다. 1980년대에 저는 뉴욕의 제 첫 번째 약국에서 일했습니다. 당시 저와 함께 일하던 인턴 중 한 명은 갓 결혼한 남자였습니다. 그는 명상을 시작한 지 얼마 되지 않았지요. 그의 업무 중 하나는 양로원과 병원에 약을 배달하는 것으로 그곳에서 환자들에게 약을 나눠줄 간호사와 만나야 했습니다. 어느 날 그는 얼굴이 빨개진 채로 돌아와 '캄레시, 저 큰일 났어요'라고 말했습니다. 저는 '무슨 일입니까?' 하고 물었습니다. '그 간호사가 저를 쫓아다녀요. 그녀는 정말 예뻐요! 무척 아름다워요! 심장이 뛰고 있지만 저는 결혼했어요. 저는 그럴 생각조차 하면 안 되지만 그녀를 만나고 싶어요. 그녀가 제게 아파트 열쇠를 줬어요. 오늘 밤 그녀를 만

나기로 했어요.'

저는 '미안하지만 도와줄 수 없어요'라고 했습니다. 당시 제게 너무 많은 일이 벌어지고 있었기 때문입니다. 그러다 문득 생각이 떠올랐습니다. '차리지께 편지를 쓰자'라고요. 그 인턴은 '편지를 쓰고 답장을 받기엔 너무 늦지 않을까요. 그녀는 오늘 밤 저를 기다리고 있을 텐데요'라고 말했습니다. 당시엔 팩스가 생소했는데 저는 '알았어요. 편지를 쓰면 팩스로 보내줄게요'라고 했지요. 뉴욕은 낮이었지만 그때 차리지께서 계시던 인도는 한밤중이었습니다. 그렇지만 그는 침대 바로 옆에 팩스기를 두고 잠을 잤습니다. 그 인턴은 편지를 썼습니다. '제발 저를 도와주십시오. 도저히 이 갈망을 참을 수가 없습니다.' 거의 즉시 답장이 왔습니다. '앉아서 5분 동안 정화법을 해보십시오. 그런 다음 가슴(양심)을 들여다보십시오.' 저는 인턴에게 '사무실로 가서 정화하십시오'라고 했습니다. 그는 사무실로 갔고 정화를 마친 후 돌아와 '캄레시, 편지를 쓰지 않을 걸 그랬어요'라고 말했습니다. 저는 왜냐고 물었지요. 그는 '이제 욕망이 사라졌으니 이 기회를 놓아주어야 할 것 같습니다'라고 말했습니다.

우리가 정화하면 욕망이 약해지고 명료함이 생겨납니다. 만약 그가 그 젊은 여성을 만났다면 강한 인상을 형성하고 결국 죄책감을 느꼈을 것입니다. 이처럼 정화는 예방이기도 합니다.

이제 직장에서 스트레스가 많은 하루를 보냈다고 가정해봅시다. 집에 도착했을 때는 아마 예민한 반응 상태에 있을 겁니다. 아내도 힘든 하루를 보냈기에 아내의 반응이 있을 수도 있습니다. 대화할 때 어떤 일이 일어날 것 같습니까? 불꽃놀이가 벌어지겠지요! 가장 좋은 방법은 먼저 쓰레기를 치우는 것입니다. 집에 도착하자마자 그렇게 하면 상호작용이 더 평화롭고 사랑스러워질 겁니다.

어린이 장난감인 팽이 아시지요? 팽이가 축을 중심으로 돌고 있을 때는 쓰러뜨리기가 쉽지 않습니다. 균형을 잃은 채 축이 흔들리고 있을 때만 쓰러뜨릴 수 있지요. 우리는 대부분 저녁에 집에 돌아왔을 때 이런 상태에 있는 경우가 많습니다. 이미 축이 흔들리고 있어요. 그래서 우리는 반응할 기회를 맞기 전에 정화함으로써 자신을 안정시켜야 합니다. 그렇게 하지 않는 것은 헬스장에서 땀을 뻘뻘 흘린 뒤 집에 돌아와 바로 가족을 껴안는 것과 마찬가지입니다! 가족이 아무리 당신을 사랑한다 해도 샤워를 먼저 하는 것을 더 좋아할 겁니다! 정화하고 나면 당신과 가족 모두를 위해 다른 사람과 소통할 수 있는 상태가 됩니다. 알다시피 우리는 다른 사람과 함께 있을 때 더 조심해야 합니다. 내 행동과 태도가 다른 사람에게 좋지 않은 인상을 만들어서는 안 됩니다. 특히 삼스카라를 제거할 방법이 없다면 더욱 그렇습니다. 우리에게는 스스로를 정화하는 방법이 있습니다. 우리가 삼스카라를 만들면 우리는 그것을 제거할 수 있습니다. 다른 사람들은 그렇지 않지요. 일단 인상을 형성하면 쉽게 지울 수 있는 방법이 없습니다.

우리 스스로를 정화하는 것만으로도 우리는 다른 사람을 도울 수 있습니다. 우리의 삼스카라는 대부분 집단 삼스카라입니다. 예를 들어 가족 구성원은 종종 공통적인 성향과 특성을 보입니다. 이는 공유한 삼스카라의 결과입니다. 이제 내게서 특정 삼스카라를 제거하면 다른 사람들의 삼스카라도 약화합니다. 집단 삼스카라에서 자신의 일부를 제거하는 것은 산의 가장 아래층을 제거하는 것과 같습니다. 결국 전체가 부서지고 무너집니다."

"그러니까 우리 자신을 정화할 때 우리는 다른 사람을 같이 정화하는 셈이군요." 제가 말했습니다.

"네, 간접적으로 정화합니다. 이제 수백만 명이 정화한다고 상상해보십시오. 아마 세상이 매우 빠르게 변화하는 것을 보게 될 것입니다!"

정화법

- 하루 동안 쌓인 모든 인상을 제거하려는 의도로 편안한 자세로 앉습니다.

- 눈을 감습니다.

- 모든 복잡성과 불순물이 몸 전체에서 빠져나간다고 상상해봅니다.

- 꼬리뼈와 정수리 사이 몸 뒤쪽으로 모든 복잡한 불순물이 흘러나오고 있습니다.

- 그것이 연기나 수증기 형태로 몸 밖으로 빠져나가는 것을 느껴봅니다.

- 의식을 명료하게 유지합니다. 필요에 따라 자신의 의지를 적용하면서 자신감과 결단력을 가지고 부드럽게 과정에 속도를 냅니다.

- 주의가 흐트러지거나 다른 생각이 떠오르면 부드럽게 다시 정화에 집중하십시오.

- 이 과정을 20~30분 동안 계속합니다.

- 가슴에서 미세한 홀가분함이 느껴지기 시작하면 정화가 끝났다는 것을 알 수 있습니다.

- 이제 순수한 흐름이 근원에서 나와 내 몸 앞쪽에서 안으로 들어온다고 상상해봅니다.

- 이 흐름은 몸 전체 시스템을 따라가면서 남아있는 복잡성과 불순물을 제거합니다.

- 이 상태를 1~2분 동안 계속 유지합니다.

- 이제 당신은 더 단순하고 순수하며 균형 잡힌 상태로 돌아갔습니다.

- 몸의 모든 세포가 단순함, 가벼움, 순수함을 발산하고 있습니다.

- 정화를 효과적으로 완료했음을 확신하며 마무리합니다.

5장

기도

Prayer

하트풀니스의 세 번째 주요 수행법은 정해진 기도로, 이것은 하루에 두 번 하는 수련입니다. 그러나 가슴이 이끄는 대로 언제든 자신만의 기도를 해도 괜찮습니다.

기도는 영성의 심장 박동입니다. 수많은 영적 방법 가운데 기도에는 공통점이 있습니다. 기도 방법과 목적은 다양할 수 있지만 핵심은 기도가 우리의 상위 존재와 연결하는 방법이라는 점입니다. 우리가 올바른 태도로 기도에 접근하면 기도는 존재의 한 상태, 즉 우리의 모든 행동에 스며들어 영원히 기도하는 상태가 됩니다.

다지와 함께 숲길을 걷다가 저는 그에게 물었습니다.

"기도란 무엇인가요?"

"그것은 가슴속 내면의 소리입니다. 가슴의 느낌은 논리적 사고로 조종할 수 없습니다. 보통 우리는 무언가가 부족할 때 기도합니다. 더 이상 견딜 수 없는 절망적인 상황에서 기도하는 것은 자연스러운 일입니다. 우리가 행복하고 기쁠 때 그 순간 신과 자신을 연결하고 감사를 표한다면 그 느낌도 기도입니다. 이 상황에서는 무언가를 간구懇求하는 게 아닙니다. 내면의 울음으로 슬픔을 나누는 것처럼 그저 기쁨을 나누는 것뿐입니다."

"하지만 기도는 대부분 간구하는 것이죠." 제가 말했습니다.

"그건 우리의 두려움과 욕망 때문입니다. 우리는 두려움 때문에 신성한 보호를 구하고 욕망 때문에 신성한 부양자를 찾습니다. 그래서 이 두 가지 기능을 모두 수행하는 신이라는 개념이 생긴 겁니다. 우리는 신을 우리의 보호자이자 부양자로 여기며 이렇게 기도합니다. '오, 신이시여. 질병으로부터 저를 지켜주소서.' 또는 '신이시여, 제게 직업을 가져다주시옵소서.' 이처럼 사람들은 자기에게 필요한 도움이 무엇인가에 따라 신을 생각합니다. 예를 들어 나약한 사람은 신을 힘을 주시는 분으로 여기고, 아픈 사람은 건강을 주시는 분으로 여깁니다. 사실 신은 이 중 어느 것도 아닙니다. 이러한 개념은 자신의 필요를 투사한 것뿐입니다. 이는 부처님께서 신을 말씀하지 않으신 이유

중 하나입니다. 부처님은 두려움과 욕망을 끊을 수 있다면 신에 관한 우리의 모든 환상이 한 번에 사라질 것이라고 하셨습니다. 부처님이 옳았습니다. 두려움과 욕망을 끊어내기 전까지 신에 관한 우리의 생각은 환상에 불과합니다."

"그렇다면 신이란 무엇인가요?" 제가 물었습니다.

다지는 웃으며 말했습니다.

"누군가가 바부지께 질문하러 찾아온 적이 있습니다. '신을 보여주실 수 있나요?' 바부지께서는 뭐라고 대답하셨을까요? '내가 당신에게 그분을 보여준다면, 당신은 그분이 신이라는 걸 어떻게 알 수 있지요?'

이는 마치 어린아이가 엄마에게 '나는 어디서 왔어요?'라고 묻는 것과 같습니다. 엄마는 '언젠가는 알게 될 거야'라고만 하지요. 그런 것은 우리가 준비하면 적절한 순간에 드러납니다."

"신을 인식하기 위해 상상의 굴레를 뛰어넘어야 한다면, 신을 지칭할 때 남성의 성별을 사용하는 것도 일종의 제약이 아닐까요?" 제가 물었습니다.

"그저 모든 사람에게 익숙한 용어일 뿐이지요. 그것은 신을 묘사한 게 아닙니다. 신은 설명할 수 없는 존재입니다. 남성적이지도 여성적이지도 않습니다. 신은 이름도, 형태도, 속성도 없습니다. 실은 그래서 거짓말하지 않고 신을 이야기하는 것은 불가능하지요."

조금 더 걷다가 그는 "바부지께서 종종 해주시던 이야기를 들려드리겠습니다"라고 말했습니다.

다지는 왕에게 자비를 구하러 간 한 수도승 이야기를 들려주었습니다. 왕궁에 도착한 그 수도승은 왕이 기도에 몰두하고 있다는 소식을 들었습니다. 수도승은 성자였기에 왕이 기도하는 동안 함께 앉을 수 있었습니다. 수도승은 기도실로 안내받았습니다. 성자의 도착을 보고받은 왕은 수도승을 반갑게 맞이했으나 아직 기도가 끝나지 않았으니 조금만 기다려달라고 부탁했습니다. 수도승은 함께 앉아 왕이 기도하는 것을 조용히 바라보았습니다.

왕은 기도했습니다.

"오, 신이시여. 제게 적들을 물리치는 승리를 허락해주십시오. 더 많은 영토를 허락해주시고, 나라를 부강하게 하시고, 위대한 왕이 되게 해주십시오."

몇 분간 왕이 이렇게 기도하던 중 갑자기 수도승이 일어나 문으로 향했습니다. 왕이 말했습니다.

"잠시만 기다리시오! 방금 도착했는데 왜 지금 떠나려고 하십니까?"

수도승이 왕에게 말했습니다.

"전하, 저는 전하께 보시를 청하러 왔는데 이제 보니 전하께서도 저와 마찬가지로 거지라는 것을 알았습니다. 그러니 저는 전하께서 기도하는 그분께 가서 구걸하겠습니다!"

이야기를 마치고 다지가 말했습니다.

"은총과 복을 구하기 위해 무릎을 꿇는 것은 다소 무지한 일입니다. 개인적 풍요를 위해 기도하는 것은 돈을 위해 결혼하는 상황과 같다고 할 수 있습니다. 그 관계는 격을 떨어뜨립니다. 우리가 갈구하는 은혜가 물질적이든 영적이든 본질상 그건 별로 중요하지 않습니다. 두 가지 경우 모두 그런 접근 방식은 가슴에서 우러나오는 소리가 아닙니다.

예를 들어 어떤 사람은 지옥에 떨어질까 두려워서 지고의 존재께 다가갑니다. 또 어떤 사람은 천국이라는 유혹 때문에 지고의 존재께 다가갑니다. 그러나 사랑에 보답을 구하는 것은 신성모독입니다. 그렇게 하면 우리는 창조주와의 관계를 훼손하고 맙니다. 이는 기껏해야 사업적 관계이고 최악의 경우 뇌물 수수입니다. 이것이 '사랑을 위한 사랑'이라는 개념이 그토록 높이 칭송받는 이유입니다. 신을 진정 사랑하는 사람에게는 어떤 불순한 동기도 없습니다. 그들은 천국이나 지옥, 축복이나 영적 진보에 전혀 신경 쓰지 않습니다. 그들은 사랑으로 만족합니다. '주시는 분The Giver'과 함께할 수 있는데 단순한 선물을 요구하지 마십시오. 오직 사랑만이 이것을 가능하게 합니다.

가령 당신이 사랑하는 사람에게 선물을 준다고 가정해봅시다. 당신은 상대에게 가장 어울리는 선물이 무엇일지 생각하고

216

또 생각합니다. 당신은 선물을 사서 사랑으로 포장합니다. 하지만 사랑하는 사람에게 선물했는데 상대방이 당신 손에서 선물을 낚아채 종이를 찢어버리고는 아무런 감사 표시도 없이 서둘러 가버린다면요? 기분이 어떨 것 같습니까? 상대는 선물을 준 사람을 무시하면서 받았습니다. 물론 그 사람을 정말 사랑한다면 전혀 신경 쓰지 않을 것입니다. 그래도 상대는 당신이 준 가장 귀한 것을 놓친 것이지요.

선물은 사랑의 행위이며 그 목적은 주는 사람과 받는 사람을 하나로 만드는 것입니다. 축복이 주는 사람과의 친밀감으로 이어지지 않는다면 축복엔 아무 의미가 없습니다. 또 다른 예로 부유한 친척의 상속인이 되고자 그 친척에게 헌신하는 사람을 생각해보십시오. 그는 상속받을 수도 있지만 그 과정에서 많은 걸 잃습니다! 관계의 존엄성이 파괴됩니다.

당신이 진정 주시는 분을 간구한다면 선물은 잊으십시오. 축복은 잊으십시오. 영적 성취는 잊으십시오. 그것은 그들만의 방식으로 찾아올 것이므로 미리 고민하지 않아도 괜찮습니다. 어쨌든 그분이 당신의 마음속에 계시는데 무엇을 원할 수 있겠습니까? 그래서 어떤 사람은 오직 '그분'만을 위해 기도합니다."

"그분은 왜 그런 고귀한 기도에 응답하시나요? 그분께서 우리에게 자신을 내어주시는 이유는 무엇입니까?" 제가 물었습니다.

"그분은 늘 자신을 내어주십니다! 그렇게 하는 것이 그분의 본성입니다. 그와 동시에 우리는 그분의 축복, 그분의 트랜스미션, 그분의 은혜가 항상 있음을 목격할 수 있지만 이슬비와 폭우 사이에는 큰 차이가 있습니다."

"그렇다면 그분께서 물방울과 물줄기로 우리를 축복하시기보다 우리 안에 자신을 부어주실 수 있는 것은 왜일까요?" 제가 물었습니다.

"바부지께서 인용하신 시 한 편이 있습니다. '오, 신성한 취기에 목마른 자여! 포도주병 머리는 빈 잔 위에만 고개를 숙이는 법이니, 당신이 구하는 것을 위해 가슴을 비우십시오.'(찬드라, 2009)"

"우리는 채워지기 위해 비워야 하는 것이군요." 저는 말했습니다.

"네. 우리 가슴이 꽉 차 있다면 다른 것을 위한 자리가 어디 있겠습니까? 오히려 우리 가슴에 진공을 만들어야 합니다. 진공 상태는 끌어당깁니다. 비가 어떻게 만들어지는지 압니까?"

"기압이 낮을 때 비가 오지요." 제가 말했습니다.

"네. 진공 상태에서는 주변 공기가 빨려들어 가면서 위로 올라갑니다. 그렇게 빗방울이 맺히고 비가 내리지요. 신성에서 쏟아지는 빗줄기를 원한다면 자신의 가슴속에 저기압 시스템을 만들어야 합니다. 그러니까 선물, 축복, 속성 등 모든 욕망을 버리고 가슴을 비워야 합니다. 그럴 때 내면에 진공이 만들어집니다. 내면의 진공 상태는 저절로 당신이 구하는 신성의 빗줄기를 끌어당깁니다. 그리고 가슴의 진공을 완전히 채우면 지고의 존재가 그곳에 자리를 잡습니다. 그는 피해갈 수 없습니다."

"그런데 진공 상태가 좋은 것만 끌어당기는 건 아니겠지요!" 제가 이렇게 말하자 다지 웃었습니다.

"맞습니다. 가슴에 작은 욕망이 하나라도 있으면 진공 상태는 문제를 끌어들일 수 있습니다. 가슴은 무한하지만 욕망이 하나만 있어도 그 공간을 무한히 채울 수 있습니다. 이 경우 가슴은 일상에서 그 충만함을 찾습니다. 즉시 세상일이 달려들고 진공 상태가 망가집니다. 조금만 부주의하면 반드시 대가를 치릅니다! 가슴에 진공 상태가 생기는 것은 좋지만 그것은 오직 가슴이 더 높은 곳을 향할 때만 가능합니다."

"그러니까 '내면의 진공 상태'라는 말은 욕망이 없는 상태를 의미하는 거군요."

"사실은 그 이상입니다. 그것은 완전한 자기 부재입니다. 플라톤은 '너 자신을 알라'라고 말했지만 바부지께서는 생각이 달랐습니다. 그는 '너 자신을 잊어라'라고 하셨습니다.

예수 그리스도께서도 천국에는 단순하고 온유한 자가 간다고 말씀하셨지요. 우리는 대개 이 말을 죽은 뒤 천국에 간다는 의미로 받아들이지만, 실은 단순하고 순진하며 이기심 없는 마음에는 천국이 저절로 내려온다는 뜻입니다. 그런 사람이 가는 곳은 어디든 천국이 됩니다.

그런데 마음이 이미 온전히 만족스럽다면 천국이 더 이상 어떤 만족을 가져다줄 수 있을까요? 이 완전한 만족 상태를 요가 용어로 '우파라티uparati'라고 합니다. 우파라티 상태에서 우리는 이 세상에서 아무것도 바라지 않고, 다음 세상에서도 아무것도 바라지 않습니다. 우리는 흔히 만족을 욕망 충족으로 이해합니다. 만약 당신이 5코스 요리를 먹었다면 무언가 더 먹기를 원할 수 있을까요? 당신은 이미 배불리 먹었습니다! 그렇지만 내일이면 다시 배가 고플 테니 그것은 우파라티가 아닙니다. 진정한 만족은 채워야 할 욕망이 없는 상태입니다. 당신은 그것으로부터 자유로워집니다. 이전에 당신은 그것의 노예였습니다. 당신은 욕망 성취를 위해 끊임없이 일했습니다. 이제 당신은 자유입니다. 그래서 이것은 만족의 반대 상태가 무엇인지도 알려줍니다!"

"네, 욕망에 끌려다니는 것입니다!" 제가 말했습니다.

"우리가 기도하는 바는 대부분 이러한 욕망에 따른 것입니다. 바부지 이야기에 나오는 왕처럼 말입니다. 우리가 이루고자 하는 욕망에는 네 가지 종류가 있습니다. 요가 전통에서는 이 네 가지 목표를 아르타artha, 카마kama, 다르마dharma, 목샤moksha라고 합니다. 이들 목표는 앞서 인상 정화 맥락에서 이야기한 포인트 A, B, C, D와도 관련이 있습니다.

먼저 물질 성취 욕망인 아르타를 이야기하겠습니다. 이것은 우리의 가장 기본 욕구인 의식주와 관련된 자연스러운 욕망입니다. 그런데 이것은 점점 더 많이 축적하려는 경향으로 나타날 수 있습니다. 우리는 옷, 집, 자동차, 전자제품 등 무엇이든 삽니다. 그 뒤 최신 스마트폰에 몰두하든, 청구서 지불을 걱정하든 그것은 포인트 A로 파급되는 삼스카라 진동을 일으킵니다.

이때 명상을 하면 외부를 향한 물질적 초점이 완전히는 아니어도 필요한 정도까지는 내면으로 전환합니다. 그 결과 우리는 더 이상 외부에서 만족을 찾을 필요성을 느끼지 않습니다. 우리는 내면에서 그것을 찾습니다! 이제 우리는 우리 문제를 크게 걱정할 필요가 없습니다. 우리의 시야가 넓어졌으니까요."

"그래서 우리의 기도도 더 이상 외부에서 무언가를 구하지 않겠군요." 제가 말했습니다.

"맞습니다. 명상은 우리를 완전히 바꿔놓습니다. 그 변화는 여러 가지 방식으로 나타납니다. 두 번째 종류의 욕망은 성적 만족 욕구인데 이를 카마라고 합니다. 카마 욕망은 포인트 B에 정착하는 인상을 형성해 열정을 만들어냅니다."

"거의 모든 종교에는 금욕 전통이 있는 듯 보입니다. 카마에 기반한 욕망 충족을 삼가야 할까요? 이를테면 사람은 아이를 낳기 위해서만 성관계를 해야 한다고 생각하시나요?" 제가 물었습니다.

"한 가지 사례를 말씀드리겠습니다. 제가 인도 북부를 여행하고 있을 때 한 노인이 저를 찾아와 많은 사람이 궁금해하는 질문을 던졌습니다. '왜 매번 섹스할 때마다 죄책감이 드는 걸까요?' 저는 '바로 자기 자신만 만족하고 상대방은 한 번도 생각해본 적이 없기 때문입니다'라고 대답했습니다.

죄책감은 우리가 이기적일 때만 생깁니다. 그 이기심이 무엇에 관한 것인지는 중요하지 않습니다. 섹스일 수도 있고 다른 어떤 것일 수도 있습니다. 만약 뉴욕에서 지하철을 탈 때 노인보다 먼저 자리를 차지하려고 서두르면 기분이 좋을까요? 이기심이 지배할 때는 죄책감을 느낍니다. 그 반대의 경우, 즉 이타적으로 행동하면 가슴에서 신비로운 기쁨이 솟구치는 것을 느낍니다. 이타심은 자연스러운 것입니다. 개가 늑대에 맞서 양들에게 경고하기 위해 짖는 것도 이타적인 행동이 아닐까요?

다른 사람을 이용하거나 자신의 쾌락을 위해 다른 사람을 대상화하는 것은 죄책감을 불러일으킵니다. 이 경우를 여신상을 사랑으로 경배하는 숭배자와 비교해보십시오. 사랑은 단순한 사물도 숭배 대상으로 바꿀 수 있습니다. 숭배 대상을 여신화하거나 여신을 대상화하는 것은 당신의 선택입니다. 하나는 이타적이고 다른 하나는 이기적입니다. 하나는 고귀하고 다른 하나는 죄책감으로 이어집니다.

전환의 비밀을 알고 싶은가요? 다른 사람을 고귀하게 만들어야 우리 자신도 고귀해집니다. 다른 사람을 깎아내리는 것은 곧 자기 자신을 깎아내리는 것입니다. 다른 사람을 고귀하게 만든다는 것은 그 사람이 고귀해지도록 돕는다는 의미가 아닙니다. 그것은 당신이 그들의 타고난 고귀함을 인정하고 그것을 공경한다는 뜻입니다. 우리는 변화를 위해 밤낮으로 기도할 수 있지만 우리가 존중과 존엄성, 거룩한 공경심으로 다른 사람에게 다가갈 때까지 변화는 일어나지 않습니다."

"카마에 기반한 욕망의 최종 결과는 열정이라고 하셨지요? 열정이란 무엇인가요?" 제가 물었습니다.

"'열정'이란 한 가지에 집착하는 것입니다. 그러면 열정과 연민이라는 두 단어를 비교해봅시다. 열정은 당신이 욕망 대상인 사람을 소유하는 데 집착하는 것입니다. 이때 당신은 상대방의 감정보다 자신의 만족에 더 신경 씁니다. 반면 연민은 상대방을 위해 자신을 희생하는 겁니다. 열정은 죄책감으로 이어지지만 연민은 고귀해집니다. 당신은 행복해지지요. 은총을 받는 방법을 알고 싶은가요? 기뻐하십시오. 그것이 처방입니다. 은총은 무엇을 가져다줄까요? 한 번의 폭포 같은 은총은 천 번의 트랜스미션이 결코 할 수 없는 일, 천 번의 축복이 결코 이룰 수 없는 일을 성취하게 해줍니다. 연민을 베풀면 기쁨을 얻습니다. 기뻐하면 은총이 당신에게 쏟아질 것입니다.

다른 사람을 사랑하고 배려하고 자비심을 보일 때, 당신은 다른 사람에게 무언가를 얻으려는 게 아닙니다. 당신은 다른 사람을 지배하려 하지 않습니다. 사람들이 대부분 받기를 좋아하는 이유는 자신이 불완전하다고 느끼기 때문입니다. 그러나 받고 또 받는다 해도 그들은 절대 완전해지지 않습니다. 온전함은 베풀어야 얻을 수 있고 진정한 선물은 오직 자기 자신뿐입니다. 자신을 내어주세요. 그러면 당신은 당신이 줄 수 있는 것보다 훨씬 더 많은 걸 받고 있음을 알게 됩니다. 당신은 '어떻게 내 모든 걸 다 내어줄 수 있나요?'라는 의문이 들지도 모릅니다. 그럴 수 없으니까요. 당신이 할 수 있는 것은 그저 계속해서 주는 것입니다.

관대한 마음이 단순히 베푸는 것만 의미하는 것은 아닙니다. 그것은 단지 다른 사람을 돕는 것만이 아닙니다. 진정한 관대함은 다른 사람의 의견이나 차이점을 부정적인 감정을 품지 않고 받아들이는 겁니다.

이것은 욕망의 다음 범주인 다르마로 이어집니다. 사실 저는 다르마가 욕망과 어떤 연관성이 있어야 한다고 생각하지 않습니다. 다르마는 문자 그대로 '지켜내는 것'을 의미합니다. 무엇을 지키는 걸까요? 바로 올바름입니다. 그리고 우리는 그것을 지켜야 하는 존재입니다! 다르마를 바라는 것은 나약함입니다. 다르마를 염원하는 것은 남의 집을 털지 않게 해달라고 기도하는 것과 같습니다. 간단합니다. 그냥 하지 마세요! 당신의 삶에서 다르마를 원한다면, 즉 진리와 선과 사랑을 원한다면 당신이 먼저 그것을 지켜야 합니다. 당신이 하지 않는다면 다른 누가 하겠습니까? 다르마를 소원하는 것은 아무 소용이 없습니다. 다르마를 기다리는 것도 소용이 없습니다. 다르마를 비는 기도도 소용이 없습니다. 당신 자신이 다르마를 실천하는 존재여야 합니다. 이것이 바로 모든 사람을 사랑하고 아무도 해치지 말라는 다르마의 가르침입니다. 또한 이는 가슴의 본성이기도 합니다. 우리는 가슴에 기반해 다르마에 관한 이해를 길러야 합니다. 흔히 우리의 법 감각은 이데올로기에 뿌리를 두고 있습니다. 가슴의 본성은 한결같지만 이데올로기에는 한계가 있습니다. 이데올로기는 우리의 문화, 종교, 그 밖에 많은 것의 산물입니다. 그 다양한 이데올로기는 차이와 혐오, 심지어 증오까지 불러일으킵니다. 그러한 영향은 포인트 C에 이르러 편견으로 굳어지는데, 바부지께서는 이를 영성의 적이라고 지적하셨습니다.

인도 전통에서 아바타로 알려진 신성한 인격체는 극도로 타락한 시기에 다르마를 복원하기 위해 내려온다고 여겨지고 있습니다. 정말 그런 일이 꼭 필요할까요? 다르마 수호는 항상 다른 사람 몫으로 떠넘기고 싶은 일입니다. 만약 우리가 신께서 강림하실 것을 기대하지 않고 스스로 다르마를 지키기 위해 노력했다면, 우리는 많은 문제를 해결할 수 있었을 겁니다!

우리가 다르마를 지키지 않을 때는 어떻습니까? 이건 우리가 벌을 받는다거나 하는 게 아닙니다. 오히려 우리 스스로를 벌하는 것입니다. 우리는 죄책감이라는 짐을 지고 있습니다. 죄책감은 앞서 말한 인간의 기본 체계에서 특별한 위치를 차지합니다. 그것은 우리를 짓누르는 포인트 D로 가라앉습니다. 우리 가슴은 닫히고 영적 확장은 가로막힙니다.

따라서 우리는 죄책감을 느끼게 하는 어떠한 행동도 피해야 합니다. 외부에서 오는 도덕적 권위는 그 무엇도 의미가 없습니다. 오직 양심만 진정하고 유일한 심판자입니다. 양심은 외부의 어떤 심판자보다 더 엄격하며 우리를 훨씬 엄격하게 처벌할 힘을 지니고 있습니다.

목샤는 사람들이 노력하고 기도하는 욕망의 다음 범주입니다. 인도의 종교 전통에서 목샤는 보통 죽음과 윤회의 순환에서 벗어난 해탈 상태를 의미하며, 더러 인생의 최고 목표로 칭송합니다. 사실 목샤는 상대적으로 사소한 성취에 지나지 않습니다. 그 너머에는 훨씬 더 많은 것이 있습니다.

자유로운 영혼 영역에서 해탈한 존재이길 바라는 목샤를 향한 소망과 세속적으로 걱정 없이 살 수 있는 재정 자립을 소망하는 것을 비교해보십시오. 이 두 가지 소원이 서로 그렇게 다른 것일까요? 두 경우 모두 자유, 즉 환경 변화와 함께 오는 자유를 추구합니다."

"그렇다면 물질적 부를 향한 열망과 정신적 해탈을 바라는 열망은 비슷한 건가요?" 제가 물었습니다.

"둘 다 포인트 A에서 진동을 일으킵니다. 그러니까 해탈하려는 욕망은 비생산적입니다. 그것은 우리의 무거운 짐을 덜어주기는커녕 오히려 우리를 짓누릅니다. 목샤를 향한 욕망은 세상의 부정적 경험에 바탕을 둔 도피주의적 충동을 나타냅니다. 만약 식당에서 식사했는데 음식 때문에 배탈이 났다면 다시는 그식당에 가고 싶지 않을 겁니다. 마찬가지로 세상에 싫증이 나면 우리는 세상을 혐오하기 시작합니다. 이때는 마치 감옥에서 벗어나고 싶어 하는 죄수와도 같습니다. 그것은 긍정적 열망이 아닙니다.

또한 우리는 이 해탈 상태가 우리를 다른 세 가지 욕망의 노예에서 해방해줄 것이라고 여겨 목샤를 위해 기도합니다. 실은 그렇지 않습니다. 우리 중에는 이미 해탈의 자질을 갖추었음에도 여전히 아르타, 카마, 다르마를 갈망하는 사람이 많습니다. 그들은 그것을 위해 기도하기도 합니다. 만족을 위해 기도하는 것이 더 낫지 않을까요? 그렇지만 명상하는데 왜 만족을 위해 기도해야 할까요? 만족은 저절로 오는 것입니다!

당신이 만족할 때, 즉 이미 성인이 되어 다르마나 카마, 아르타, 목샤에 관한 욕망이 없으면 무엇을 위해 기도할까요?"

다지는 잠시 말을 멈추었습니다.

"예전에는 자신을 위해 기도했다면 이제는 다른 사람을 위해 기도합니다. 그렇다고 성인이 될 때까지 기다리라는 뜻은 아닙니다! 지금이라도 다른 사람을 위해 기도해야 합니다. 기도의 수혜자가 점점 더 많아진다고 해서 기도가 약해지는 것은 아닙니다. 이것은 오히려 더 큰 물결을 일으킬 것입니다.

반면 이기적인 기도에 다른 사람을 포함할 수 있다는 생각은 모순입니다. 가령 당신이 사는 지역에 홍수가 났다고 가정해봅시다. 당신이 마음속으로 '신이시여, 제발 우리 집이 물에 잠기지 않게 해주세요'라고 말하다가 기도하는 동안 마음을 바꿔 '신이시여, 우리 동네가 물에 잠기지 않게 해주세요'라고 말하면 당신은 신을 혼란스럽게 하는 것입니다. 당신이 말하는 것과 가슴은 서로 다른 이야기를 하고 있습니다. 이기적인 기도에 이웃을 넣는다고 기도가 이타적일 수 있을까요? 저는 그렇게 생각하지 않습니다. 잘못된 열쇠로는 결코 올바른 문을 열지 못합니다! 이타주의는 나중에 생각할 수 없습니다. 그것은 당신의 본래 의도여야 합니다. 기도할 때 우리 의도는 우리의 말보다 훨씬 더 큰 힘을 발휘합니다. 다른 사람을 위해 기도하는 것은 의심할 여지 없이 당신의 의무지만, 사랑이 없으면 의무는 언제나 부담스럽습니다. 친구가 당신에게 부탁을 하면 당신은 그러겠다고 말하지만 속으로는 욕을 합니다.

다른 예를 들어봅시다. 당신이 하는 일이 마음에 들지 않으면 노예의 노동처럼 느껴지고 원망스럽습니다. 당신은 '왜 이렇게 힘든 일을 해야 하는 걸까?' 하고 불평합니다. 반면 좋아하는 일을 하면 전혀 일처럼 느끼지 않습니다. 실제로는 매우 열심히 일하면서도 그렇게 느껴지지 않지요. 몇 시간이 지나도 시간 가는 것을 느끼지 못합니다. 사랑이 있으면 의무라는 생각도, 일이라는 생각도 사라집니다. 사랑할 때 우리는 의무라는 부담감을 느끼지 않고 가장 자연스러운 방식으로 의무를 수행합니다. 사랑 없는 의무는 우리를 노예로 만들지만 사랑은 우리를 자유롭게 합니다. 이것이 애쓰지 않는 행동의 비결입니다. 사랑은 기도뿐 아니라 우리의 모든 행동의 기초입니다."

"자기중심적인 의도를 이타적인 의도로 바꾸려면 어떻게 해야 할까요?" 제가 물었습니다.

"이타적으로 행하십시오." 그가 웃으며 대답했습니다.

"마음이 닫혀있으면 자기 자신만 사랑하고 이기적으로 행동합니다. 마음이 열리기 시작하면 가장 가깝고 소중한 사람을 생각합니다. 마음이 계속 열리면 사랑의 반경도 그에 비례해 넓어집니다. 마음이 무한히 열릴 때, 즉 문도 없고 벽도 없을 때 그 사랑은 무한한 우주 전체에 흐릅니다. 그러면 우주가 내게 속해있을 뿐 아니라 내가 우주에 속해있다고 느끼기 시작합니다. 항상 '나'를 생각하는 대신 '우리'를 생각하기 시작하지요.

그러니 이기적인 기도는 그만합시다. 자신을 위해 기도한 뒤 나중에 다른 사람을 고려하는 대신 상황을 뒤바꾸는 것은 어떨까요? 진정한 의도는 다른 사람을 위한 것이고 자신은 그저 나중에 고려할 사항으로 포함해보십시오.

하지만 당신은 곧 자신을 나중에 생각할지라도 당신이 자신을 포함하는 것 자체를 좋아하지 않는다는 것을 깨닫습니다. 자기 자신을 떠올리면 기도는 항상 위축됩니다. 모든 것이 무너집니다. 믿음이 있는데 왜 신이 내 문제를 상기하도록 해야 하나요? 믿음이 없다면 애초에 왜 기도를 하겠습니까? 받아들이는 게 가장 고귀한 길입니다.

제 두 스승님은 모두 자주 아프셨습니다. 저는 그분들의 엄청난 능력이라면 순식간에 쉽게 치료할 수 있었을 거라고 봅니다. 그러나 그분들의 영적 차원은 그것을 허용하지 않았습니다. 대신 그분들은 유쾌하고 감사한 마음으로 상황을 있는 그대로 받아들이는 것을 선택하셨습니다."

그러더니 다지는 눈을 반짝이며 "그렇다고 자신의 불완전함을 받아들여야 한다는 뜻은 아닙니다!"라고 덧붙였습니다.

"조금 전 열린 마음을 말씀하셨는데 그것이 실제로 무엇을 의미하는지 알려주시겠어요?" 제가 질문했습니다.

"닫힌 마음을 생각해보십시오. 그러면 이해하기가 쉬울 겁니다."

"좋습니다. 무슨 말씀인지 알겠습니다만 괜찮다면 조금만 더 설명해주셨으면 합니다."

"이야기를 하나 해드리겠습니다. 매일 아침 해가 떠오를 준비를 마치면 해님의 개인 비서는 커피와 함께 해님이 잊지 않고 비춰주어야 할 사람들의 이름을 적어서 전해주곤 했습니다.

'해님, 아르헨티나에 있는 이 사람은 당신의 온기가 절실히 필요합니다. 그를 꼭 기억해주세요', '해님, 중국에 정말 유쾌한 어린 소녀가 있습니다. 그 아이도 꼭 기억해주세요.'

어느 날 하루 종일 햇빛을 비추고 난 뒤 해가 지려고 할 때 비서가 해님에게 달려왔습니다.

'해님, 지금 들어가시면 안 됩니다! 아직 하루 일이 끝나지 않았어요.'

'일이 끝나지 않았다니 무슨 말이지요?' 해님이 물었습니다. '나는 여느 때처럼 하루 종일 빛을 비추었고 이제 피곤하니 그만 쉬고 싶습니다.'

'오늘 아침 제가 말한 아르헨티나의 그 남자를 기억하시나요?' 비서가 물었습니다.

'네, 물론이지요.'

'그 사람은 오늘 하루 종일 어둠 속에 있었어요. 약속했던 대로 그에게 빛을 비추지 않으셨습니다.'

해님은 잠시 생각에 잠기더니 말했습니다.

'이봐요, 모든 사람을 위해 비추는 것이 내 본성이고 나는 이제껏 그렇게 해왔어요. 그 남자가 하루 종일 커튼을 치고 실내에만 있는데 내가 뭘 어떻게 할 수 있겠어요?'

열린 가슴은 모두를 위해 빛을 비추는 태양과 같습니다. 그것은 사랑을 발산하는 것 외에는 아무것도 할 수 없습니다. 사랑은 열린 가슴에서 무차별로 흐릅니다. 그렇지만 우리는 실제로 가슴이 사랑한다고 말할 수 없습니다. 오히려 열린 가슴은 사랑 그 자체이며 그 빛 속으로 나아가는 사람은 누구나 자신이 사랑받고 있음을 느낍니다. 그러면 닫힌 가슴이란 무엇일까요? 그것은 하루 종일 자신을 실내에 가둬놓는 사람과 같습니다.

열린 가슴은 주는 가슴이지만 동시에 받는 가슴이기도 합니다. 그런 의미에서 열린 가슴은 겸손한 가슴이기도 합니다."

"잘 이해가 가지 않습니다." 제가 말했습니다.

다지는 "이기적인 사람도 누구나 줄 수 있지만, 받는 것은 겸손한 사람일 때만 가능합니다"라고 말했습니다.

그는 주머니에서 동전 하나를 꺼내 제게 건네주었습니다. 그러면서 그는 "손의 위치가 보입니까?"라고 물었습니다. 손바닥이 위쪽을 향해 펴져 있었습니다.

"우리는 이 자세를 간청하는 것과 관련지어 생각합니다. 기도는 더 상위의 도움을 구하는 것입니다. 자신을 위해 구하든 다른 사람을 위해 구하든, 구하는 데는 늘 겸손이 필요하며 이것이 우리가 애초에 기도할 수 있는 이유입니다.

반대로 내가 나를 주는 자, 즉 무한한 원천이라고 생각하면 세상 그 누구도 나를 도울 수 없습니다. 신조차도 나를 도울 수 없습니다. 내가 다른 사람에게 무엇을 주든 그 어떤 것도 내게서 비롯된 게 아니라는 것을 깨닫는 겸손함이 있어야 합니다. 내가 누군가에게 1달러를 주면 나도 어딘가에서 1달러를 받았을 것이 분명합니다. 그렇지 않나요?"

"동전을 가져도 될까요?" 제가 물었습니다. 다지는 빙그레 웃었습니다.

"장난꾸러기가 따로 없군요!"

저는 다지에게 동전을 돌려주며 "자, 이걸로 당신의 지혜를 사겠습니다"라고 말했습니다.

"아니, 지혜의 가치가 그렇게 낮습니까?" 다지는 농담을 던졌습니다. "어쨌든 저는 아무것도 청구하지 않았으니 가지십시오!"

"그러면 다른 질문을 하나 더 하겠습니다. 어떤 상황에서 어떤 기도를 하는 것이 가장 좋은지 어떻게 알 수 있을까요?" 제가 물었습니다.

"이는 지식인만 할 수 있는 질문이군요. 안타깝게도 이 질문에 만족스러운 답은 없습니다. 기도는 사랑하는 마음에서 저절로 나오기 때문에 사랑하는 마음만 이 질문에 답할 수 있습니다. 이성적인 마음은 결코 답을 알 수 없습니다."

다지는 농부와 이웃에 관한 유명한 중국 민담을 들어본 적 있는지 물었습니다. 저는 듣지 못했기에 그에게 이야기를 들려달라고 부탁했습니다.

"아주 오래전 매우 현명한 농부가 있었습니다. 어느 날 그의 말이 도망쳤어요. 이웃이 위로를 건네자 농부는 '뭐가 좋은 일이고 뭐가 나쁜 일인지 누가 알겠습니까?'라고 말할 뿐이었습니다. 다음 날 말은 야생마 무리와 함께 돌아왔습니다. 이번에는 이웃이 농부에게 축하를 전했고 농부는 다시 '무엇이 좋고 무엇이 나쁜지 누가 알겠습니까?'라고 대답했습니다. 농부의 아들은 야생마 중 한 마리를 길들이려 했지만 난폭한 말 위에서 떨어지는 바람에 다리가 부러졌습니다. 이때 이웃은 유감을 표했습니다. 농부는 또다시 '무엇이 좋고 무엇이 나쁜지 누가 알겠습니까?'라고 답했습니다.

얼마 지나지 않아 이웃 나라와 전쟁이 벌어졌습니다. 몇몇 군 장교가 농부의 아들을 전쟁터로 보내려 징집하러 왔지만, 다리가 부러진 아들은 전쟁터에 끌려가지 않았습니다. 이어진 전쟁에서 농부가 사는 마을의 많은 젊은이가 죽었지만 농부의 아들은 다리가 부러진 덕분에 살아남았습니다.

농부가 아들이 야생마를 타다가 다치지 않도록 보호해달라고 기도했다고 상상해보십시오. 그 기도에 응답을 받았다면 아들은 전쟁터에 나가 희생당했을지도 모릅니다.

우리는 무엇이 최선인지 최악인지 알지 못합니다. 그것을 아는 건 결과를 알고 있는 경우에만 가능합니다. 그런데 다 알고 있다면 기도할 필요가 있겠습니까?

전쟁할 때는 모두가 기도합니다. 그렇게 모든 진영이 승리를 위해 기도한다면 신은 누구에게 응답하실까요? 실은 전쟁 자체가 그분을 아프게 합니다. 그분의 자녀들이 싸우는 것이니까요! 그런 일을 위해 기도하는 건 어리석은 일입니다."

다지는 슬프게 고개를 저으며 "그저 우리가 신에 관해 얼마나 아는 게 없는지 보여줄 뿐입니다. 우리의 이타적인 기도조차 쉽게 잘못될 수 있습니다"라고 말했습니다.

"예를 들어 당신이 어떤 사람의 두려움이 사라지기를 기도한다고 가정해봅시다. 이것은 고귀한 일이지요? 겉보기엔 분명 훌륭해 보이는 일이지만 그 사람의 경우 어느 정도 두려움이 필요했을 수도 있습니다. 만약 신이 산적에게 두려움을 없애주거나 높은 지위에 있는 부패한 관리에게 무한한 용기를 준다면 어떻게 될까요? 그들은 더 뻔뻔해지지 않을까요? 그 경우엔 두려움이 없는 것이 역효과를 불러올 것입니다. 제 아버지는 인격이 형편없고 도덕적 나침반이 없는 사람에게 부를 주면 그 부는 그를 파괴할 뿐이라고 말씀하셨습니다. 우리 사회에는 극도의 특권층에서 태어난 사람들이 힘든 인생길을 가는 사례가 많습니다. 우리는 그런 일이 우리의 소중하고 가까운 사람들을 어떤 방향으로 이끌지 결코 알 수 없습니다."

"무엇을 위해 기도해야 하는지 어떻게 알 수 있을까요?" 제가 물었습니다.

"당신의 마음이 민감해지면 다른 사람의 진정한 필요에 민감하게 반응합니다. 그러면 당신의 기도도 그 필요를 자연스럽게 따라갑니다."

"좋습니다, 그럼 마음을 어떻게 민감하게 만들 수 있나요?" 저는 밀어붙였습니다.

"정말 그러고 싶습니까? 이미 자신의 고통과 문제가 너무 많은데 다른 사람의 고통과 문제까지 나누고 싶습니까? 나눔의 첫 번째 전제 조건은 기꺼이 그렇게 하겠다는 의지입니다. 다른 사람의 고통을 알아차리기 위해서는 그 고통을 견딜 수 있는 능력이 필요합니다. 두 번째, 다른 사람의 곤경을 인지하는 것이 무슨 의미가 있을까요? 누군가가 당신의 은행 계좌를 해킹했다고 가정해봅시다. 이제 그들은 당신의 재정 상황을 알고 있는데 그들이 정말로 당신의 최고 이익을 염두에 둘 거라고 봅니까?"

"물론 아닙니다." 제가 대답했습니다.

"당신을 도울 의도가 아니라면 제가 당신의 재정 상황을 알 이유는 없겠지요? 마찬가지로 다른 사람의 발전을 위해 그 민감성을 사용할 것이 아니라면 다른 사람에게 민감해질 필요는 없습니다. 오직 사랑만 이를 가능하게 할 수 있으며 사랑이 있을 때 관용 역시 존재합니다. 이 두 가지 자질이 있으면 가슴은 저절로 자연스럽게 감응하는 기도를 합니다. 이런 자질이 없을 때 우리는 무엇을 위해 기도해야 할지 혼란스러워집니다.

그렇지만 누군가를 물리적으로 도와줄 능력이 있다면 가만히 앉아 기도하는 것으로 만족하지 마십시오. 대신 무언가를 하십시오! 도움의 손길을 내미십시오. 차리지께서는 기도는 약한 자의 첫 번째 수단이자 강한 자의 마지막 수단이라고 말씀하셨습니다. 아무것도 할 수 없다면 꼭 기도하십시오. 그러나 누군가를 먹일 수 있다면 그렇게 하십시오. 누군가를 받아들일 수 있다면 그렇게 하십시오. 기도하기 전에 상황을 해결하려 노력하는 것은 인간의 의무입니다. 물론 자신의 가족을 위한 양식이 충분하지 않은데 다른 가족에게 주는 것은 옳지 않습니다. 늘 자신의 의무를 먼저 이행해야 합니다."

"그 말씀은 '자선은 집에서부터 시작한다'라는 속담을 떠올리게 하는군요." 제가 말했습니다.

"네. 우리가 고통을 덜어주기 위해 항상 많은 걸 해줄 수 없다는 것은 슬픈 일입니다. 우리는 세상 모든 사람을 돕고 싶지만 그렇게 할 수 있는 물적 자원을 갖고 있지 않습니다. 고통받는 사람을 위해 할 수 있는 최소한의 일은 그와 함께 시간을 보내는 것입니다. 그를 위로해주십시오. 그의 옆에 앉으십시오. 아무 말도 하지 말고 아무 행동도 하지 마십시오. 그저 곁에 있어주십시오. 당신의 존재 자체가 영향을 줍니다. 덕분에 그는 '나를 도와줄 사람이 여기 있구나' 하며 힘을 얻습니다."

기도로 연결하기 Connecting Through Prayer

"기도하는 가장 좋은 방법은 무엇인가요?" 제가 물었습니다.

"모든 높이의 음을 다 노래할 수 있는 가수와 부르는 음 하나하나에 진심을 담아 노래하는 가수 중에서 우리는 후자를 더 선호하지 않습니까?"

"네." 제가 동의했습니다.

"어떤 예술가가 당신에게 감동을 준다면 그들의 잘못된 음이나 다듬어지지 않은 붓놀림은 쉽게 용서할 수 있습니다. 오직 진심만 사람의 마음을 움직입니다. 만약 어떤 사람이 화난 어조로 '사랑해' 하고 말한다면 우리가 감동을 받겠습니까?

기도에서도 중요한 것은 느낌과 진정성입니다. 좋은 일화가 떠오르는군요. 한 평범한 농부가 소와 버펄로를 돌보고 있었습니다. 그는 매일 밤 신께 기도하며 '신이시여, 당신께서 이리로 오시면 제가 가장 좋아하는 나무 그늘에 앉아 더위를 피하도록 해드리겠습니다. 목욕도 해드리겠습니다. 신께서 원하실 때마다 등도 긁어드리겠습니다'라고 했습니다. 그 농부의 옆집에는 사제인 브라만이 살고 있었는데 그가 계속해서 이 기도를 들었지요. 어느 날 브라만이 말했습니다. '무슨 기도가 그러한가? 신께 목욕을 해주겠다고? 등을 긁어주겠다고? 이건 말도 안 되네.' 농부는 겸손하게 '저를 가르쳐주십시오'라고 말했습니다. 브라만은 산스크리트어로 된 몇 가지 구절을 가르쳐주었습니다.

다음 날 농부는 그 산스크리트어 구절을 잊어버렸습니다. '다시 가르쳐주십시오.' 농부가 말했습니다. '당신이 가르쳐주신 것을 잊어버렸습니다.' 브라만은 다시 가르쳐주었지만 농부는 또 잊고 말았습니다. 이런 일이 수차례 되풀이되자 결국 농부는 혼란에 빠졌고 낙담했습니다.

그러던 어느 날 밤 브라만의 꿈에 신이 나타나 '이보게, 자네가 이 농부의 인생을 완전히 망쳐버렸네. 농부의 기도는 최고의 기도였다네'라고 말씀하셨습니다. 농부는 자기 자신을 표현한 겁니다. 그는 '제가 당신께 이렇게 할 것입니다. 이게 제가 아는 전부입니다'라고 한 것이지요. 산스크리트어는 잊어버렸습니다. 그는 그 의미조차 이해하지 못했지요. 그렇다고 고대 슬로카shloka(고대 산스크리트어 경전)의 가치를 폄하하는 게 아닙니다. 그건 훌륭합니다. 하지만 당신이 이해해야 합니다. 기도는 당신에게 의미가 있어야 합니다. 그렇지 않으면 앵무새와 다를 바가 없습니다.

언어는 느낌이 아니라 느낌의 묘사일 뿐입니다. 외워서 드리는 기도는 느낌의 껍데기에 불과합니다. 속이 비어있지요. 영험한 기도는 그 말이 가슴의 느낌으로 울려 퍼지는 기도입니다. 그런데 가슴이 느낌으로 울린다면 말이 필요할까요?

우리는 침묵으로만 내면의 존재와 교감할 수 있습니다. 그러한 침묵 속에서는 우리의 생각조차 조용해집니다."

"침묵의 기도는 이해할 수 있습니다. 그러나 생각 없는 기도가 가능합니까?" 제가 물었습니다.

"기도하는 행동은 기도의 내면 상태로 진화해야 합니다. 가령 수십 년 동안 결혼 생활을 해온 부부가 어떻게 소통하는지 보았나요? 그들은 눈빛만으로도 많은 것을 알 수 있고 둘 사이에는 거의 말이 필요 없습니다. 부부는 수년을 같이 지내면서 의사소통의 필요성을 초월해 서로 교감하는 상태에 이릅니다. 두 사람이 서로를 이해하지 못할수록 더 많은 소통이 필요합니다. 신혼부부에게는 많은 소통이 필요하겠지요. 서로를 더 많이 이해할수록 의사소통은 은밀해지고, 서로를 깊이 알면 의사소통은 부차적인 것으로 남습니다.

마찬가지로 근원과 다시 연결하려는 우리의 시도는 공식적인 기도에서 출발합니다. 기도는 첫 단계일 뿐입니다. 그것은 반드시 늘 기도하는 마음으로 성숙해져야 합니다. 우리는 보통 식사하기 전에 기도하는데, 기도가 끝난 뒤 늑대처럼 음식에 달려든다면 조금 전에 만들어진 기도하는 분위기는 어떻게 될까요? 기도하는 내면 상태가 없으면 기도는 인위적인 것에 불과합니다. 그것은 어리석은 일입니다.

우리는 종종 아이들에게 알파벳 글자 틀을 주면서 글쓰기를 가르칩니다. 아이들은 글자를 따라 쓰면서 스스로 글 쓰는 법을 배웁니다. 마찬가지로 형식적인 기도는 늘 기도하는 마음으로 발전해야 합니다. 그 이후 형식적인 기도는 불필요하고 쓸모도 없습니다. 우리가 늘 기도하는 마음으로 성숙해지지 않으면 우리는 여전히 틀에 의존해 알파벳을 쓰는 어른과 같습니다.

이 내면 상태는 독특합니다. 여기에는 바깥으로 드러난 면이나 따라야 할 외부적 원칙, 즉 의식ritual이 없습니다. 기도를 의식으로 만드는 순간 그 기도는 중요성을 잃고 맙니다.

그러나 기도는 또 다른 시작일 뿐입니다. 그 목적은 우리를 그 너머의 다른 차원으로 데려가는 것입니다."

"기도하는 것 너머에는 무엇이 있을까요?" 제가 물었습니다.

"하나됨입니다. '이원성'은 기도의 본질입니다. 기도에는 항상 도움이 필요한 사람과 필요한 도움을 주는 존재라는 두 가지가 있습니다. 저는 기도를 드리고 위대한 존재는 제 기도를 듣고 응답합니다. 이 이원성이 없다면 누가 기도를 드리고 누가 기도를 받겠습니까? 신성한 존재와 나 사이의 구분은 여전히 남아있습니다. 여전히 둘이 있습니다. 여전히 관계가 있습니다. 그렇지만 우리는 명상으로 점차 내 안에 있는 신성한 존재와 하나뉨의 상태에 들어갑니다. 우리는 관계를 초월합니다.

기도만으로 합일 가능성을 기대하는 것은 다소 무리입니다. 우리는 우리대로, 근원은 근원대로 그대로 남아있어야 합니다."

"그러면 기도는 어떤 역할을 하나요?" 제가 물었습니다.

"기도는 우리가 하나가 되고자 하는 신성한 원리를 가슴 깊이 인식하도록 도와줍니다. 기도는 명상으로 전환하는 방식으로 이뤄져야 합니다. 그것은 진정 사랑하는 분the Beloved과의 이별에 따른 고통을 가슴으로 분출하고 표현하는 것입니다. '저는 더 이상 견딜 수 없습니다'라고 말하는 겁니다.

제 어린 시절의 기도가 생각납니다. '신이시여, 제 작은 오두막에 한 번만이라도 방문해주세요. 당신이 하늘의 거처를 잊어버릴 정도로 친절과 사랑으로 대접하겠습니다.' 어떤 의미에서 기도는 내면의 울음입니다. 진주 같은 눈물이 천천히 흘러내리며 가슴의 복잡한 내면을 아름답게 만들어줍니다. 가슴의 그 고통은 우리가 소중한 대상에게 계속 천착하게 하며, 결국 강물이 바다로 흘러가듯 기도는 근원과 함께 명상하는 합일 상태로 녹아듭니다."

하트풀니스 기도 The Heartfulness Prayer

하트풀니스에서는 매일 명상하기 전에 한 번, 하루를 마무리 하며 잠들기 직전에 다시 한번, 기도합니다. 제대로 한다면 이 조용한 기도는 자신만의 고유한 내면 상태를 만들어냅니다. 하트풀니스 수행 초기 저는 기도를 거의 형식적으로 했습니다. 그러다 보니 제 가슴에서 기도를 받아들이지 않았습니다. 결국 저는 기도하기를 그만두었습니다. 그러던 어느 날 저녁 저는 그 기도 말씀에 특별히 끌렸고 온 마음을 다해 기도했습니다. 그 즉시 제 내면의 영적 상태에 변화가 일어났습니다. 그날 밤의 잠은 평소 수면 상태와 달리 깊은 명상 같았습니다. 아침에 일어났을 때 제 내면은 뭔가 달라졌습니다. 더구나 제 명상에는 이전에 없던 특별함이 있었습니다. 그 경험 이후 저는 더 이상 기도를 등한시하지 않았습니다. 오히려 기도는 제 삶의 근본적인 부분으로 자리 잡았습니다. 지금도 저는 매일매일 기도를 재발견합니다.

오, 신이시여! 당신은 우리 삶의 참된 목표이십니다.
우리는 아직 우리 발전을 가로막는 욕망의 노예일 뿐입니다.
당신만이 우리를 그 단계로 이끌어주실 유일한
신이시며 힘이십니다.

"왜 잠들기 전에 기도를 드리나요?" 제가 물었습니다.

"그것은 기도하는 깨어있는waking 상태를 만드는 가장 좋은 방법입니다. 기도의 목적은 신성과 우리 관계를 다시 회복하는 데 있습니다. 그러나 기도의 충만함은 다른 얘기입니다. 이것은 우리가 신성의 현존을 느낀 후에야 시작됩니다. 이때 우리는 고개를 숙이고 싶고, 그 신성의 바다에 녹아들고 싶어집니다.

우리가 몸과 마음과 영혼을 다해 신성으로 향할 때 우리는 그 강력한 존재감을 경험합니다. 신성을 향한 그 총체적 지향은 의식적인 마음으로는 가능하지 않습니다. 완전히 깨어있는 낮에는 지성이 우리 의식을 지배하는 경향이 있지요. 지성에도 그 나름대로 목적이 있지만 기도하는 내면 상태를 만드는 데는 도움을 주지 않습니다.

그러나 깨어있는 동안과 잠자는 동안에는 의식과 잠재의식 사이에 수렴이 일어납니다. 커튼이 잠시 걷히고 이제 둘이 만날 수 있습니다. 그때 우리 뇌파는 현대 과학자들이 알파 상태라고 부르는 패턴을 보입니다. 알파 상태에 있는 동안 우리는 일종의 내적 몽상에 빠져드는데, 이때 우리는 암시에 매우 민감하게 반응합니다. 이제 우리는 기도하는 생각을 잠재의식에 의도적으로 심을 수 있습니다. 그 생각은 잠재의식의 비옥한 토양에 뿌리를 내리고 자라납니다. 씨앗이 눈에 보이지 않는 땅속에서 발아하듯 우리 기도는 잠재의식의 어둠 속에서 발아하고 자라나

깨어있는 의식으로 터져 나옵니다. 이런 식으로 우리는 잠재의식에 기도의 씨앗을 뿌리고 충만한 기도로 깨어있는 상태를 수확할 수 있습니다.

우리는 느낌으로 기도해야 합니다. 잠재의식은 오직 느낌의 언어만 알고 있습니다. 공허한 언어적 표현으로도 잠재의식에 씨를 뿌릴 수 있지만 그것은 발아할 수 없는 죽은 씨앗과 같습니다. 잠자리에 들 때 우리는 간혹 너무 졸려서 진정한 느낌으로 자신을 깨우지 못합니다. 우리는 낮에 깨어있는 상태에서 기도하는 연습을 할 수 있습니다. 깨어있을 때 그 느낌을 만들어 보십시오. 그런 다음 잠자리에 들었을 때 다시 기도하면 기도하는 행동 자체가 이전 상태를 되살릴 것입니다.

지성이 한창 활동하는 낮에는 기도의 의미를 다른 관점에서 이해할 수도 있습니다. 사실 저는 이 수행을 처음 접하는 사람은 물론 노련한 수행자도 하루나 이틀 정도 기도의 진정한 의미와 중요성을 이해하려 노력했으면 좋겠습니다. 기도문에는 그 표현이 시사하는 것보다 더 많은 게 있습니다. 그러니 당신이 발견한 의미 뒤에 무엇이 숨겨져 있는지 살펴보십시오. 기도문을 반복해서 묵상하십시오. 첫 번째 줄, 두 번째 줄, 세 번째 줄을 차례로 읽으며 모든 단어를 되새겨보십시오. 서둘지는 마십시오! 매번 새로운 차원이 열릴 것입니다.

기도의 목적은 당신의 변화에 있습니다. 사람들은 보통 기도에 따른 변화는 위로부터 온다고 생각합니다. 하지만 우리가 변화하게 만드는 것은 기도에 따른 위로부터의 응답이 아니라 기도하는 행동 그 자체입니다. 이러한 변화는 우리가 기도하는 바로 그 순간에 일어납니다. 진정한 기도는 그 자체로 응답입니다.

창조주와 친밀한 관계를 맺으려면 마음이 맑고 순수해야 합니다. 예수 그리스도께서는 '너희는 어린아이와 같이 되어라'라고 말씀하셨습니다. 죄책감은 지극히 파괴적입니다. 그것은 가슴의 납과 같습니다. 죄책감으로 가득한 가슴은 스스로 만든 감옥에 자신을 고립시키며 신에게서 멀어져 자신을 숨깁니다. 그러면 어떻게 우리가 근원의 치유 에너지에 몸을 맡길 수 있을까요? 신께서 우리를 맞아들이고 받아들일지에는 의문의 여지가 없습니다. 어머니가 사랑과 용서를 유보할 수 있습니까? 오히려 스스로를 받아들이거나 용서할 수 없는 것은 바로 우리 자신입니다. 용서는 의식이 아닙니다. 자기 용서는 우리 가슴이 우리의 실수를 회개할 때만 이뤄집니다. 가슴에서 우러나오는 외침은 용서를 구하는 천 번의 기도보다 가치가 있습니다. 눈물은 우리 마음이 가볍고 행복할 때도 진정으로 흘러내립니다."

"아무런 죄책감도 느끼지 않는다면요?" 제가 물었습니다.

"그럼 축하드립니다." 다지가 웃었습니다.

"당신은 틀림없이 성자입니다. 물론 성인에게도 개선의 여지가 있겠지요. 특히 성자는 너무 겸손해서 실제로는 잘못이 없는데도 늘 자신의 잘못을 발견합니다. 양심의 소리를 더 잘 받아들일수록 양심은 점점 더 작은 문제에도 책임을 묻습니다. 잘못된 생각에 미묘한 힌트만 있어도 양심이 찌르는 것을 발견합니다. 그러니 밤에는 마음을 스캔해 양심이 어디를 찌르는지 살펴보십시오. 어디에서 불편함을 느끼는지 확인하고 그 이유를 찾아보십시오. 그러한 성찰 없이는 개선 가능성도 없습니다.

한편 자기계발 개념은 역설적입니다. '나'가 있으면 발전은 없습니다. '내가 나를 고치겠다'라는 생각으로 자아ego를 지닌 채 성찰하면 효과가 없어요. '나'가 너무 많이 존재하기 때문입니다. 반면 기도할 때는 가슴에서 그저 순종하는 태도가 생겨나고, '당신의 뜻이 이루어지게 하소서'라며 모든 것을 더 높은 존재에게 맡깁니다. 당신이 해야 할 것은 당신과 신 사이에서 순복과 성찰을 거듭함으로써 우호적인 협정을 맺는 일입니다. 그런데 당신은 기도하는 성찰로 자신의 결함을 발견하지만 스스로 고치겠다고 다짐하기를 포기하고 더 높은 도움을 요청합니다.

물론 매일, 매시간 실수하지 않는 것이 더 좋겠지요! 어리석은 사람은 실수를 뒤늦게 깨닫고 총명한 사람은 행위 중에 깨닫지만, 현명한 사람은 미리 알고 실수를 저지르지 않는다고 합니다."

"어떻게 미리 알 수 있을까요?" 제가 물었습니다.

"기도하는 마음으로 깨어있으면 됩니다." 다지가 답했습니다.

"무엇에 관해서 말입니까?"

"당신의 가슴에서 발산하는 신호와 내면에서 당신을 인도하는 신호에 말입니다. 일상 업무 전반에서 이런 태도를 유지할 수 있다면 지혜가 활짝 피어날 것입니다.

기도할 준비를 하고 나서 겸손한 가슴, 즉 사랑이 가득한 가슴으로 기도하십시오.

자리에 앉아 부드럽게 눈을 감고 긴장을 이완합니다. 기도의 의미를 최대한 깊이 느낄 수 있도록 모든 단어와 구절에 집중하면서 기도를 두 번 또는 세 번 반복하십시오. 그 의미를 묵상하면서 이 기도하는 명상 속에 온전히 빠져들거나 몰입하십시오. 준비되었다고 느끼면 바로 잠자리에 드십시오.

기도를 마친 후에는 방금 만든 상태를 잘 유지하도록 주의를 기울여야 합니다. 그냥 베개에 머리를 대지 마십시오. 천천히 움직이십시오. 서서히 뒤로 기대면서 몸을 눕힙니다. 오늘 하루나 내일의 계획을 생각하지 마십시오. 방금 만든 상태가 잠들면서 내 안에 계속 스며들도록 해야 합니다."

"그래서 이 기도가 명상이 되는 거군요." 제가 말했습니다.

"이것은 마치 명상하듯 기도하는 상태를 만드는 '기도-명상'입니다. 바부지께서는 이 기도를 진동 형태로 받았고, 이를 느낌으로 경험한 다음 기도문으로 옮겼습니다. 우리가 하는 건 그 과정을 거꾸로 하는 것입니다. 우리는 기도문의 본질을 이루는 느낌으로 되돌아가는 작업을 해서 그 출발점인 근원에 도달합니다. 기도문을 묵상함으로써 우리는 그 말의 더 깊은 본질을 발견합니다. 이는 우리 의식을 고양합니다. 이러한 의식 속에서 잠이 들면 우리의 수면은 요가니드라 혹은 요가 수면으로 알려진 아주 특별한 상태로 바뀝니다."

"요가니드라는 무엇인가요?"

"어떤 사람은 잘 때 너무 깊은 잠에 빠져 물을 뿌려도 깨어나지 않습니다. 반면 당신이 방에 있는 기척만 해도 잠에서 깨어나는 사람도 있지요. 보통 숙면과 얕은 수면 사이에는 여러 층위가 있습니다. 요가니드라에서 우리 의식은 전방위로 넓어집니다. 깊은 수면을 향해 나아가는 동시에 의식이 깨어있는 상태로 넓어지는 것이지요. 결국 우리는 동시에 두 가지 상태에 있습니다. 깊이 잠들어 있지만 완전히 깨어있는 상태이기도 합니다. 이처럼 우리는 요가니드라에서 육체적, 정신적 휴식만 얻는 게 아니라 의식을 넓힐 수 있습니다.

사실 이 상태에서는 훨씬 더 많은 일이 일어납니다. 요기는 다른 장소, 다른 차원, 다른 시간에서도 일할 수 있습니다. 당신이 육체적 한계의 제한을 받지 않는 영적 세계로의 여행도 이뤄집니다. 요가니드라는 이 모든 일이 일어나기에 가장 좋은 상황이지만, 이것은 찬반을 논하는 게 아닌 개인적인 경험 문제입니다. 이제 우리가 모두 공유하는 진화 수준에 따라 파악할 수 있는 것에 집중해봅시다. 기본적으로 요가니드라 상태는 당신이 아침 명상 중에 초의식의 하늘로 더 높이 날아오르도록 준비하게 한다는 걸 깨닫도록 합시다."

"어떻게 그렇게 할 수 있지요?" 제가 물었습니다.

"명상의 질은 주로 우리의 태도나 기분에 따라 결정됩니다. 기분은 서서히 생기고 또 서서히 약해집니다. 명상을 시작할 때 요술봉을 휘두르듯 순식간에 명상하는 분위기를 만들 수는 없습니다. 그것은 이미 당신 안에 있어야 합니다. 하지만 아침에 일어나자마자 명상한다면 그 기분이 만들어질 시간이 있을까요? 그것은 밤새 자는 중에 만들어져야 합니다."

"그러기 위해 취침 시간에 올바른 씨앗을 심어야 하는 거군요." 저는 말했습니다.

"그렇습니다. 자기 전에 하는 기도는 근원과의 합일을 향한 기대감으로 가득 차게 만들어 기도하는 의식을 자극합니다. 이 기대감은 밤새 부풀어 오르고 우리는 아침에 우리를 근원으로 더 깊이 끌어당기는 내면의 기쁨과 함께 명상을 시작하는 겁니다."

"우리는 밤에 기도하고 잠이 듭니다. 아침에는 기도하고 명상합니다. 잠을 잘지 명상에 들어갈지 결정하는 것은 무엇인가요?" 제가 물었습니다.

"우리의 잠재의식입니다. 아침에 명상하기 직전에 이 기도를 바칠 때는 밤에 할 때처럼 두세 번 반복하지 않습니다. 한 번만 기도하고 명상을 시작합니다."

"왜 그렇지요?" 제가 물었습니다.

"잠자리에 들 때 제대로 기도하면 그 기도하는 상태가 아침에도 계속 유지됩니다. 설사 그렇지 않더라도 잠시 상기하는 것만으로도 충분합니다. 채찍의 그림자만 보고도 달리는 말처럼 우리 내면은 단 한 번의 기도로 활성화합니다. 이제 초의식의 하늘로 날아오르는 것은 아이들 놀이처럼 쉬워집니다."

기도

- 편안하게 앉아 부드럽게 눈을 감습니다.

- 아침에는,
  명상을 시작하기 전에 천천히 조용하게 한 번 기도합니다.

- 잠자리에 들 때는,
  기도를 몇 번 조용히 반복하고 중간중간 잠시 멈춥니다. 기도의 진정한 의미를 10~15분간 묵상합니다. 말

씀을 지적으로 이해하려 애쓰지 말고 마음속에서 울려
퍼지는 것을 느껴봅니다. 내면에서 그 의미가 떠오르게
합니다.

- 언어 너머에 있는 느낌에 몰입해보십시오.

오, 신이시여! 당신은 우리 삶의 참된 목표이십니다.
우리는 아직 우리 발전을 가로막는 욕망의 노예일 뿐입
니다.
당신만이 우리를 그 단계로 이끌어주실 유일한
신이시며 힘이십니다.

3부

구루
The Guru

6장

구루의 역할

Role of the Guru

다지는 저와 대화하는 동안 간혹 자신의 두 구루인 바부지와 차리지를 언급했습니다. 그러나 대부분 가볍게 언급하고 지나 갔기 때문에, 저는 우리의 대화를 마무리하기 전에 구루의 역할 을 더 깊이 논의해볼 필요가 있다고 생각했습니다.

"당신의 구루는 당신 인생에 엄청난 영향을 주었잖습니까. 영 적으로 성장하려면 구루가 필요하다고 생각하나요?" 제가 물었 습니다.

"먼저 구루를 이해해야 합니다. 그런 다음 구루가 필요한지 스스로 결정하십시오!"

"알겠습니다. 그럼 구루란 무엇인가요?"

"그것 역시 당신에게 달려있습니다! 어느 수준에서 구루를 받아들이겠습니까? 누군가에게 구루는 그저 형식적인 존재일 뿐입니다. 또 다른 누군가에게 구루는 스승입니다. 어떤 이들에게 구루는 가르침 그 자체, 즉 현실 속에서 살아 숨 쉬는 본보기입니다. 구루를 가르침의 정수 그 자체로 받아들이는 사람도 있습니다. 사실 구루는 이 모든 것입니다.

가르침은 구루의 가장 낮은 단계입니다. 가장 낮은 수준의 구루의 역할이지요. 어떤 교사도 진정으로 신성한 지식을 갈망하지 않는 사람을 배우게 할 수는 없기에 가르침에는 한계가 있습니다. 반면 그들이 배움을 갈망한다면 모든 곳에서 힌트를 찾을 수 있을 것이므로 가르침은 불필요해집니다.

더구나 우리가 교육으로 얻는 지식은 언제나 간접 지식입니다. 간접 지식은 우리에게 큰 깨달음을 주지 못합니다. 직접 관찰하고 경험하는 것이 더 좋습니다. 또한 사람들은 항상 구루의 말을 자신의 가슴과 비교해 확인합니다. 가슴이 동의하면 '그래, 구루의 말이 맞다'라고 하지요. 가슴이 동의하지 않는다고 생각하면 구루의 말을 무시합니다. 그러면 진정한 구루는 누구일까요? 가르침을 주는 사람일까요, 아니면 듣는 사람 자신의 가슴일까요?"

"그러니까 구루의 목적은 사실 가르치는 게 아니라는 거군요.” 제가 말했습니다.

“구루가 무언가를 가르쳐줄 수 있다면 그것은 그들이 보여주는 모범일 것입니다. 그런데 우리가 구루를 바라볼observe 때 무엇을 보나요see? 바부지께서 '많은 사람이 나를 보러 오지만, 정작 나를 보는 사람은 없다'라고 하셨던 말씀이 생각납니다. 사람들은 간혹 구루의 예를 따라 하려 하지만 그의 본질은 놓치고 맙니다. 그들은 구루를 따라 할 가치가 있는 바로 그 점을 놓치고 있습니다. 대신 구루의 행동, 옷차림, 행동 방식을 흉내 냅니다. 그들에게 진짜 모습은 보이지 않습니다. 그들은 구루의 핵심 본성을 놓치고 있습니다.

이것은 그들의 잘못이 아닙니다. 무언가를 평가하고 그것의 결론을 내리려면 우리는 평가 대상보다 더 깊고 미묘해야 합니다. 따라서 제자들은 결코 구루를 파악할 수 없습니다. 그의 크고 깊은 정도는 우리가 그를 진정으로 바라보는 것을 방해합니다. 기껏해야 우리가 보는 건 가끔 현명하게 말하는 세련된 사람이지요. 가장 정묘한 것은 궁극 그 자체입니다. 그러니 우리가 어떻게 그것을 바라보거나 그것을 두고 어떤 결론을 내릴 수 있겠습니까?

그러나 우리도 영적 수행으로 더 크고 깊어집니다. 이제 우리는 구루가 실제로 누구인지 더 많이 파악하기 시작합니다. 그리고 구루를 파악할 수 있는 정도까지 우리도 알아차립니다. 앞서 말했듯 구루가 우리에게 무언가를 가르쳐주는 경우는 거의 없습니다. 우리 스스로 알아내야 합니다.

정말로 구루는 아무것도 하지 않습니다. 할 필요도 없습니다. 태양이 있는데 밤이 존재할 수 있을까요? 태양이 떠오르면 어둠은 물러갈 뿐입니다. 어둠이 물러가게 하려고 태양이 하는 건 아무것도 없습니다. 태양은 그저 본성 그대로 존재할 뿐입니다. 구루도 마찬가지입니다. 구루라는 단어의 문자 그대로의 의미는 '어둠을 몰아내는 사람'입니다. 그렇지만 구루는 태양처럼 어둠을 몰아내기 위해 아무것도 하지 않습니다. 그저 있는 그대로 존재할 뿐입니다.

꽃봉오리가 햇빛을 접하는 순간 봉오리는 천천히 열리기 시작합니다. 꽃봉오리를 열기 위해 태양이 실제로 무언가를 했나요? 꽃봉오리가 무언가를 했을까요? 모두 그냥 일어난 일일 뿐입니다.

구루는 아무것도 하지 않습니다. 모든 일을 하는 것은 그의 존재입니다. 그의 존재는 수행자의 가슴이 꽃을 피울 준비를 했을 때만 작동합니다. 꽃봉오리를 억지로 열려고 하면 망가뜨리기만 하겠지요. 구루가 우리에게 행동할 경우 그것은 강요가 될 것입니다. 파괴적일 거예요. 그래서 구루는 그렇게 하지 않습니다."

"하지만 구루는 우리를 정화하고 트랜스미션을 해주지 않습니까." 제가 말했습니다.

"아닙니다. 우리의 정화는 구루의 존재 덕분입니다. 우리가 트랜스미션을 받는 것도 그분의 존재 덕택입니다. 구루는 아무 것도 하지 않습니다. 구루의 존재가 그렇게 되기까지 구루도 우리처럼 스스로 열심히 노력해야 했습니다. 우리는 수행해야 합니다! 구루에게서 모든 것을 끌어내도록 우리는 수행으로 우리의 가슴이 준비하게 해야 합니다. 이것이 우리가 매일 명상하고, 정화하고, 기도하는 이유입니다. 우리의 노력이 없으면 우리 삶에 구루가 존재해도 의미가 없습니다."

"그러니까 우리 각자의 노력이 촉매제가 되는 거군요."

"네. 수행은 꼭 필요합니다. 매일 구루를 만나고, 그와 함께 식사하고, 어깨를 주물러도 당신의 가슴이 준비하지 않으면 조금도 도움을 받지 못합니다.

하지만 당신의 가슴이 준비되어 있다면 구루를 그렇게 자주 만날 필요가 있겠습니까? 구루는 멀리 떨어져서 그의 일을 합니다. 물론 실제로 그가 일하는 건 아니지만 그 덕분에 일이 일어납니다. 그 일이 일어나게 하도록 구루와 물리적으로 같이 있을 필요는 없습니다. 그건 우리가 마음속에 설정한 한계입니다. 구루는 당신의 이름을 알 필요도 없습니다. 당신의 얼굴을 잘 알 필요도 없습니다. 그러한 피상적 지식은 그의 작업에 전혀 필요하지 않습니다. 영적인 일은 가슴에서 자동으로 이뤄지기에 구루는 그가 당신을 위해 일하고 있다는 사실조차 인식할 필요가 없습니다. 당신의 가슴이 불렀고 구루의 본성이 반응하는 것뿐입니다. 구루와 수행자의 관계는 가슴에서 은밀하게 피어나는 내적인 관계입니다."

"구루와 어느 정도까지 개인적으로 교류해야 하나요?" 제가 물었습니다.

"그 관계가 인간적 차원에서 드러날 필요는 전혀 없습니다. 그렇지만 인생에서 한 번은 구루를 만나는 것이 좋습니다. 이것이 악수하고 대화해야 한다는 뜻은 아닙니다. 그래도 한 번은 그분 곁에 있어야 합니다. 그때 당신의 태도가 옳다면, 그러니까 당신이 수용적이라면 특별한 일이 일어납니다. 당신 삶의 영적 여정이 결정되지요. 그 밖의 만남은 단지 보너스일 뿐입니다. 인도에서 자주 보는 것처럼 구루를 따라다닐 필요는 없습니다. 많은 사람이 하듯 구루를 숭배해서도 안 됩니다. 이들은 구루의 물리적 육신에 궁극의 근원이 담겨있다고 믿습니다. 그의 육신에는 근원이 담겨있지 않습니다. 근원은 어디에도 없습니다. 또한 그것은 어디에나 있지만 당신이 그것을 찾을 수 있는 유일한 장소는 당신의 내면입니다. 외적인 구루의 목적은 당신을 내적 자아로 인도하는 것입니다. 그것은 우리를 인도하고 영감을 주는 신성한 자아입니다.

구루는 살아있는 존재여야 합니다. 과거의 구루는 당신을 도울 수 없습니다. 꺼진 불꽃으로 방을 밝힐 수 있을까요? 남은 것은 그들의 가르침뿐입니다. 바로 책 속의 지식이지요."

"우리에게는 살아있는 본보기가 필요하군요." 제가 말했습니다.

"심지어 본보기조차 필요하지 않습니다. 자주 만나지 않는다면 그분의 모범이 무슨 소용이 있겠습니까? 우리에게 정말 필요한 것은 그가 트랜스미션 형태로 우리 마음에 불어넣는 정수입니다.

물론 근원은 어디에나 있기에 본성은 어디든 있습니다! 그런데 그것을 정제하여 우리 마음에 심어줄 살아있는 구루가 없으면 우리는 그걸 보지 못한 채로 있을 뿐입니다. 우리는 그 영향을 받지 않고 도움도 없기 때문에 끝없이 고군분투합니다.

도와줄 누군가가 없으면 우리는 우리 자신을 넘고, 자신의 한계를 넘어서는 데 어려움을 겪을 수밖에 없습니다. 고장 난 자동차를 안에서 밀어 움직이려 한다고 상상해보십시오. 아무리 세게 밀어도 차는 움직이지 않을 것입니다. 자동차를 움직이려면 밖에서 밀어주는 힘이 필요합니다. 구루는 바로 그 힘입니다. 우리는 너무 오랫동안 안에서 자신을 밀어왔습니다. 마침내 우리는 이것이 앞으로 나아가려면 가이드가 필요한 영역임을 깨달은 것입니다."

"구루는 어떻게 찾을 수 있을까요?" 제가 물었습니다.

"구루는 진지한 구도자가 받은 응답입니다. 바부지께서는 간혹 수행자의 진실한 외침이 스승을 문 앞으로 데려온다고 말씀하셨습니다. 수행자는 그 내면의 외침을 의식하기도 하고 의식하지 못하기도 합니다. 수행자가 구루를 끌어당기는 것은 사실이지만, 구루가 수행자를 선택한다는 것 역시 똑같이 사실입니다."

"어떻게 그렇습니까?" 저는 물었습니다.

"어린 시절 저는 여러 가지 경험을 했습니다. 아플 때마다 한 가지 꿈을 꾸곤 했지요. 그 꿈에서는 백마를 탄 기수를 보았습니다. 그는 하늘하늘한 흰 가운을 입고 있었고 수염도 하얗게 기르고 있었습니다. 꿈은 대개 잊히지만 같은 꿈을 반복해서 꾸면 기억합니다."

"몇 살 때였나요?"

"네다섯 살 무렵부터 시작해 열한 살 때까지 주기적으로 나타났습니다. 마지막은 천으로 만든 해변용 의자에 앉아 밖에서 공부하고 있을 때였습니다. 우리 마을에서였지요. 그곳에서 다시 한번 그 환상을 보고 사마디에 들어갔습니다. 저는 몇 시간 동안 사라졌었지요.

그 마지막 경험 이후 저는 내면의 끌어당김, 그러니까 일종의 갈망을 느끼기 시작했습니다. 가족에게 제 마음속에서 특별한 무언가를 느끼기 시작했다고 말했지요. 몇 년 후 저는 그 체험을 했을 당시 바부지께서 제 주변을 지나가고 있었다는 사실을 알았습니다. 수년이 지나 마침내 그를 만났을 때 저는 그분의 얼굴을 바로 알아보았습니다. 그는 어릴 적부터 제게 나타난 흰옷의 인물이었습니다."

"그는 이미 당신이 준비하게 하고 있었군요."

"구루는 우리 모두가 미리 준비하게 합니다. 하지만 저는 어느 정도 의식하고 있었어요. 일반적으로 그런 준비는 무의식적입니다. 그것은 우리와 다른 누구에게도 알려지지 않은 채 은밀하게 이뤄집니다. 마치 땅속에서 발아하는 씨앗과 같지요. 씨를 뿌리는 사람만 그 씨앗이 있음을 알 수 있습니다.

바부지께서는 가는 곳마다 트랜스미션을 전했습니다. 준비한 사람들은 결국 그의 부름에 응답했습니다. 우리는 모두 어떻게든 스스로 그에게로 향했습니다. 1940년대에 그는 기차를 타고 인도 전역을 여행했습니다. 어떤 곳에서는 인력거를 빌려 도시를 돌아다니기도 했습니다. 그는 뒷좌석에 앉아 가는 곳마다 트랜스미션을 전했지요. 그 지역에 영적 잠재력이 어느 정도 뿌려진 것에 만족하면 그는 기차를 타고 다른 곳으로 가서 같은 과정을 반복했습니다. 바부지께서는 평생 씨앗 뿌리기 작업을 계속했고 나중에는 집을 떠나지 않고도 그 작업을 했습니다."

"그럼 구루가 우리를 준비하게 하는 건가요, 아니면 우리의 마음이 구루를 부르는 건가요?"

"그의 존재 자체가 집단적인 내적 욕구의 반응입니다. 그의 존재 덕분에 어떤 사람은 그 필요를 깨닫습니다. 그들의 마음이 간절히 외칩니다. 영적 열망은 모든 사람에게 존재하지만 많은 경우 휴면 상태입니다. 때로는 단 한 번의 전달만으로 더 깊은 목적에 눈을 뜹니다. 그래서 구루는 트랜스미션을 하고 또 합니다. 그 트랜스미션은 초대와 같습니다. 우리가 반응하면 우리는 구루에게 가는 길을 찾습니다. 구루가 우리에게 오라고 강요할 수는 없습니다. 당신의 가슴이 그것을 받아들여야 합니다. 구루는 결코 당신의 가슴을 거스를 수 없습니다. 아무리 훌륭한 구루라 할지라도 가슴이 원하지 않으면 피해 갑니다.

그렇기에 내면 변화를 강제할 수는 없습니다. 수행자의 의지가 있어야 합니다. 그래야 구루의 작업이 결실을 거둘 수 있습니다. 구도자와 유능한 구루의 관계에서 결정적 역할을 하는 것은 구루가 아니라 수행자입니다. 구루는 위대하고 강력할 수 있지만 우리에게 그 힘을 강제할 수는 없습니다.

사기꾼이 구루를 사칭하며 개인의 이익이나 자신의 자아 만족을 위해 다른 사람에게 권력을 행사하는 불행한 사례도 많이 있습니다. 이것이 바로 맹목적인 믿음이 위험한 이유 중 하나입니다. 우리는 누군가가 신뢰할 만한 가치가 있고 능력이 있음을 증명했을 때만 그 사람을 전적으로 믿어야 합니다. 믿음은 우리가 귀감이 될 만한 결과를 본 후에야 옵니다. 맹목적인 믿음은 금물입니다."

"하지만 애초에 구루를 어떻게 알아볼 수 있습니까?" 제가 물었습니다.

"겉으로 드러나는 징표는 없습니다. 진정한 구루는 과시하지 않습니다. 얼룩말은 줄무늬로, 표범은 반점으로 구별할 수 있습니다. 그렇지만 구루는 어떻습니까? 누구나 가운을 입고 수염을 기를 수 있습니다. 그런 외적 특징은 무의미하며 불필요하기도 합니다. 구루는 키가 클 수도 있고 작을 수도 있습니다. 그의 외모는 당당할 수도 있고 무뚝뚝할 수도 있습니다. 구루는 교육을 많이 받았거나 문맹일 수도 있습니다. 말을 명료하게 잘할 수도 있고 눌변일 수도 있습니다. 그는 부유할 수도 있고 가난할 수도 있습니다. 우리는 구루의 외적 속성에서 아무것도 배울 수 없습니다. 유일한 결정 요인은 구루 내면의 영적 차원입니다.

그러면 그것을 어떻게 판단할 수 있을까요? 구루의 내면 상태를 이해할 수 있다면 구루가 필요 없을지도 모릅니다!"

"그를 검증하는 방법은 무엇인가요?" 제가 물었습니다.

"당신의 영혼이 지혜롭게 옳은 사람을 찾으면 당신의 가슴은 평화와 평온을 느낄 것입니다. 그 느낌은 영적 수행을 시작한 직후에 올 수도 있고 시간이 좀 지난 뒤에 올 수도 있지만 반드시 올 겁니다. 그럴 때는 그 사람이 당신을 인도할 바로 그 사람임을 확실히 알아야 합니다."

"그 평화와 평온을 찾기까지 얼마나 오래 수행해야 할까요?" 제가 물었습니다.

"글쎄요, 그것은 당신에게 달려있습니다. 저는 맨 처음 시팅에서 제가 찾던 것을 찾았음을 알았습니다. 다른 사람은 몇 주혹은 몇 달이 걸릴 수도 있습니다. 어떤 사람은 자신의 경험을바탕으로 확신하기까지 시간이 좀 필요하기도 합니다."

"그럼 잘못된 사람인지는 어떻게 알 수 있나요?"

"마음이 의심하기 시작할 겁니다. 물론 마음은 늘 몇 가지 의심을 품습니다. 의심하는 것이 본성이니까요. 마음이 불안하고의심으로 무거울 때는 그 사람이 당신과 맞지 않는다는 것을 알아두십시오.

반대로 마음이 만족스러우면 결코 정신적 의심에 놀아나지마십시오. 이제 수행에 전념하고 자신을 위해 노력해야 할 때입니다. 그러나 만족스럽지 않다면 당신에게는 언제든 구루를 떠날 권리가 있습니다. 어떤 구루와도 헤어지는 것을 두려워하지않아야 합니다. 구루에게는 추종자를 기대할 권리가 없습니다.그에겐 추종받을 권리가 없습니다.

수행자에게는 항상 구루와의 관계를 끊을 권리가 있습니다.구루는 자신이 더 이상 수행자를 영적 여정으로 인도할 수 없으면 수행자가 자신보다 더 나은 사람을 찾도록 도와주어야 합니다.

1961년 한 수행자가 바부지를 찾아왔습니다. 이 수행자에게는 이미 스와미지라는 구루가 있었습니다. 그렇지만 그는 바부지와 함께 있을 때 더 좋은 경험을 했습니다. 그는 자신의 문제에 관해 바부지께 편지를 썼습니다. 그는 바부지를 구루로 받아들이고 싶었으나 그와 동시에 스와미지를 배신하고 싶지 않았습니다. 그의 편지를 받고 바부지께서 보낸 답장이 제게 있습니다."

다지는 침실로 들어갔다가 잠시 후 돌아왔습니다.

"바부지의 답장 중 한 구절을 읽어드리겠습니다. 바부지께서는 이렇게 썼습니다. '저를 하인이라 생각하고 쓰레기를 치워 집 안을 깨끗하게 유지하십시오. 저를 하인으로, 스와미지를 주인으로 여기십시오. 저는 당신을 섬기는 데 아무 거리낌이 없습니다. 다만 제가 당신을 섬기는 이 비용을 스와미지에게 계속 지불하기 바랍니다.'"

이어 다지는 말했습니다.

"개인적인 경험상 저는 바부지께서 자신이 구루 혹은 스승인 것처럼 행동하는 것을 전혀 보지 못했습니다. 오히려 그는 자신을 조금도 중요하지 않은 사람으로 여기는 듯했습니다.

언젠가 정부의 고위 관료가 그를 찾아왔을 때가 생각납니다. 샤자한푸르(바부지가 살던 도시)에 온 그 관료는 기차에서 내려 자신을 맞이하는 한 남자를 발견했습니다. 관료는 아무 말 없이 짐을 건넸고 두 사람은 인력거를 타고 바부지의 집으로 향했습니다. 그런데 그 관료의 덩치가 꽤 크고 짐도 많아 두 사람이 앉을 자리가 충분하지 않았습니다. 결국 관료가 좌석에 앉고 다른 한 사람은 인력거 바닥에 앉았지요. 바부지의 집에 도착했을 때 그 사람은 관료의 짐을 가져다 방으로 옮겼습니다. 곧이어 관료 는 바부지께 경의를 표하러 갔습니다. 그곳에서 그는 일생일대 의 충격을 받았습니다. 바부지의 의자에 앉아있던 사람이 자신 이 기차역에서 만나 같이 온 남자였기 때문입니다. 그제야 그는 바부지께서 자신을 기차역에서 직접 영접했다는 사실을 깨달 았습니다! 그는 바부지를 하인 취급했던 것입니다.

산스크리트어에 마하트마mahatma라는 단어가 있지요. 마하 는 '위대하다'는 뜻이고, 아트마는 '영혼'을 의미하므로 마하트 마는 '위대한 영혼'을 뜻합니다. 이 용어는 종종 존칭으로 쓰입 니다. 어떤 경우에는 스스로 자신에게 적용하기도 합니다! 바 부지께서는 이 단어를 매우 싫어했습니다. 그는 진정한 마하트 마는 위대한 게 아니라 오히려 자신과 세상과 모든 것에 완전히 보잘것없는 사람이라고 말씀하셨습니다. 바부지께서는 극도로 겸손한 분이었지요. 자신이 위대해졌다고 생각한다면 스스로 무덤을 파는 격입니다. 진정한 마하트마는 아무것도 주장하지 않고, 아무것도 약속하지 않으며, 아무것도 아닌 사람으로 존재 합니다. 그런 사람은 더러 무시당하는데 이는 우리가 매력이나 카리스마, 사소한 기적 등을 행해 제자를 확보하는 거짓 구루에 게 현혹되기 때문입니다.

구루는 자신이 구루라는 생각조차 하면 안 됩니다. 그런 감정이 한 번이라도 마음속에 들어온다면 그 순간부터 그는 구루 자격이 없는 사람입니다. 실제로 구루는 자신을 하인보다 못한 존재로 여겨야 합니다. 그런데 우리는 자칭 구루를 너무 많이 찾는 경향이 있습니다. 저는 차리지께서 자신을 바부지의 제자라고 한 것 외에 자신을 달리 지칭하는 말을 들어본 적이 없습니다. 또한 바부지께서는 굉장히 겸손하셔서 '나'라는 단어조차 그를 혼란스럽게 하는 듯했습니다.

구루가 무엇인지 제대로 아는 사람은 많지 않습니다. 사람들은 단순히 황토색 옷을 입거나 고전 지식을 보여주거나 지혜로운 말을 하는 사람을 구루라고 부르는 것에 만족하는 것 같습니다. 많은 구루가 수행법도 제공하지 않습니다. 몇 가지 수행법을 알려주기도 하지만 거기서 끝납니다. 내면 접촉이 지속되지도 않습니다. 그야말로 그것은 길가에 버려진 것과 같습니다! 그러한 구루들이 영적 여정을 촉발하고 우리가 먼 해안에 도착할 때까지 계속 나아가게 할 수 있을까요? 그들이 우리를 옭아매고 더 이상의 진전을 막는 내면의 얽힘과 복잡성을 제거할 수 있을까요? 그들이 끊임없이 움직이는 마음의 경향을 약화하고 우리 가슴에 고귀한 자질을 불어넣을 수 있을까요? 그들이 우리의 삼스카라로 인한 짐을 제거할 수 있을까요? 우리가 목적지에 안전하게 도착하기까지 구루가 해야 할 다른 많은 일도 있습니다. 궁극적으로 구루는 자신이 돌보는 각 수행자의 영적 진보를 책임집니다. 그는 자신의 구루와 자연 자체에 각각 대답해야 합니다. 저는 자연이 그러한 의무를 수행할 수 없거나 수행하지 않으려 하는 구루에게 무거운 벌을 내릴 것이라고 생각합니다. 쓸모없거나 악의적인 구루는 없느니만 못합니다.

제자가 자신을 능가하면 질투하는 구루도 있습니다. 부모가 자녀를 질투해도 될까요? 자녀가 자신을 뛰어넘는 것을 보는 건 모든 부모의 꿈입니다. 마찬가지로 진정한 구루는 제자가 스스로를 뛰어넘는 것에 만족하지 않고 구루 자신을 넘어서길 원합니다. 그는 당신이 진화의 정점, 즉 계속 높아지는 정점에 오르기를 원합니다."

"그건 무슨 뜻입니까?" 제가 물었습니다.

"천 년 전 가장 위대한 영적 성취로 여기던 것도 오늘의 가능성과는 비교할 수 없습니다. 그리고 오늘의 가능성은 내일의 가능성에 비하면 아무것도 아닐 수 있습니다."

"그러니까 영성은 계속 진화하는 거군요."

"네, 그렇습니다. 예를 들어 코페르니쿠스 시대에 지구가 태양 주위를 돈다는 생각은 새로운 것이었습니다. 그것은 당대 과학적 이해의 최신 지견을 대표하는 최첨단이었지요. 오늘날에는 모든 어린이가 이런 지식을 당연한 것으로 받아들입니다. 요즘은 양자역학 같은 것에 더 흥미를 느끼지요. 그렇다고 코페르

니쿠스의 위상이 떨어집니까? 아닙니다! 그가 아인슈타인이나 호킹을 전혀 몰랐다고 해서 그의 위상이 낮아지는 것은 아닙니다. 자신의 시대에 그는 위대했습니다.

마찬가지로 과거의 영적 스승들 역시 자신의 시대에 위대했습니다. 그렇지만 시대는 변합니다. 오늘날의 영적 거장들은 새로운 발견을 합니다. 그렇다고 어제의 위인들이 질투할까요? 그들이 어디에 있든 아마 그들은 춤을 추고 있을 겁니다! 우리도 언젠가 오늘날의 천재를 능가하는 새로운 세대의 영적 천재가 등장하기를 기대합니다.

구루라는 단어의 또 다른 의미는 '위대한 사람' 혹은 '큰 사람'입니다. 큰 무언가에서 모든 것이 우리를 향해 흘러나올 수 있습니다. 즉, 구루는 주는 사람이라는 뜻입니다. 그런데 오늘날의 구루는 오히려 받는 사람의 경향을 보입니다. 그들은 숭배받기를 좋아합니다. 그들은 구루 닥시나dakshina(전통에 따라 제자가 스승에게 감사의 뜻으로 드리는 사례금)를 받기를 좋아합니다. 그들은 관심받고 싶어 하고, 사랑받고 싶어 하고, 존경받고 싶어 하고, 추종받기를 원합니다. 진정한 구루는 이런 것을 원하지 않습니다. 구루는 결코 받는 입장이어서는 안 됩니다. 구루는 절대 '나를 따르라'라고 말하지 않습니다. 오히려 자신이 있는 곳에 머물며 제자들이 앞서갈 수 있도록 허용합니다. 그는 '얼마나 높이 올라갈 수 있는지 보자'라고 생각합니다. 물론 그의 경계심 어린 눈은 항상 그곳에 있습니다. 그는 늘 제자들을 보호합니다. 그는 '더 높이 올라가서 떨어지나 보자'라고 생각하지 않습니다!

동시에 구루는 우리의 영적 여정에서 가장 큰 장애물입니다."

"정말입니까?" 제가 물었습니다.

"네, 왜냐하면 당신이 모든 것을 계속 그에게 의존하기 때문입니다. 당신은 '그분이 은총으로 모든 것을 돌봐주실 거야'라고 말합니다. 말도 안 되는 소리입니다. 그분의 도움은 의심할 여지가 없지만 당신은 스스로 준비해야 합니다. 스스로 열심히 노력해야 합니다.

제 자랑은 아니지만 저는 주머니에 20달러만 넣은 채 미국으로 건너왔습니다. 아버지는 언제나 저를 도와주시려 했지만 저는 그 도움에 기대지 않았습니다. 저는 제 두 발로 서서 스스로 성공했습니다.

저는 가끔 '당신의 구루가 죽었다고 생각하라'라고 말합니다. 이는 구루가 없는 것처럼 행동해야 한다는 뜻입니다. 구루는 발전을 가져다주는 존재가 아닙니다. 그는 촉매 역할을 합니다. 우리 작업은 그의 에너지를 끌어당깁니다. 당신이 한 걸음 내디디면 구루는 한 걸음 더 나아가도록 도와줍니다. 유일한 차이점은 그의 한 걸음이 의식의 무한한 영역을 비출 수 있다는 것입니다.

수행할 때 유능한 구루는 가능한 한 빨리 영적 여정을 시작하도록 돕습니다. 또한 여정을 계속하도록 꾸준히 움직임을 유지하게 만듭니다.

당신이 현재 어떤 단계에 있든 구루는 다음 단계를 위한 기반을 준비하느라 바쁩니다. 심지어 구루는 당신이 실제로 그 단계에 도달하기 훨씬 전에 매우 높은 단계의 상태를 알려줄 수도 있습니다.

1982년에 있었던 일입니다. 저는 샤자한푸르에 있는 바부지 댁을 방문 중이었습니다. 어느 날 오후 저는 심부름을 하러 밖에 나갔습니다. 제가 돌아오자 바부지께서 저를 쳐다보며 '하루 24시간 내내 그 상태를 유지해야 한다'라고 하셨습니다. 저는 그분이 무슨 말을 하는지 이해하기 위해 제 내면을 들여다봐야 했습니다.

당시 저는 거의 초급자였고 그분이 제시한 조건은 상당히 고급 단계에 해당했습니다. 사실 바부지께서는 저를 그 고급 단계에 올려놓지 않았어요. 저는 아직 준비되지 않았기 때문에 대신 그 단계의 경험을 주신 것입니다. 그분은 저를 실제로 그 단계에 올려놓지 않고도 그 단계의 상태를 경험하게 해주셨습니다. 그런 것은 전례가 없는 일입니다! 위대한 구루는 마법 같은 일을 할 수 있지요.

또한 영적 여정의 모든 단계에는 어떤 특정 시점이 있습니다.

그것은 수행자들이 흔들리는 경향이 있는 단계입니다. 그들은 '내가 영성으로 뭘 하고 있는 걸까?'라고 생각합니다. 그런 다음 그들은 자포자기할 수 있습니다. 그 시점에 구루는 그들의 감정을 안정시키고 경험으로 그들을 충족해주어야 합니다.

구루는 당신을 최소한 목샤, 즉 해탈 단계로 인도할 수 있어야 합니다. 이것은 초보 단계이며 여정의 시작에 불과합니다. 실제로 구루는 당신을 깨달음 단계, 더 나아가 그 이상의 단계로 인도할 수 있어야 합니다. 깨달음 단계는 해탈 단계를 훨씬 넘어서는 것입니다."

"깨달음이란 무엇인가요?" 저는 물었습니다.

다지가 웃었습니다.

"글쎄요, 바부지께서는 깨달음을 정의할 수 있다면 그것은 깨달음이 아니라고 말씀하곤 했습니다! 어떤 식으로 정의를 내리려 해도 그것은 그 정의를 넘어서는 무언가입니다. 그래도 간단하게 말하자면 깨달음이란 우리 존재의 핵심이자 중심인 자아를 깨닫는 것이라고 할 수 있습니다. 그럼 우리 내면의 중심과 신의 현현 사이에는 어떤 차이가 있을까요?"

"그렇다면 참자아를 깨닫는 것은 신을 깨닫는 것과 같겠군요." 제가 말했습니다.

"기다려보십시오. 그게 무엇이든 이것은 구루가 갖춰야 할 최소한의 자격입니다. 그렇지 않다면 구루가 어떻게 우리가 그것을 달성하도록 도울 수 있겠습니까? 구루의 도움은 낮은 단계에서도 필요합니다. 여정을 지속하다 보면 넘을 수 없는 고개에 도달할 때가 있습니다. 이는 마치 평원을 잘 걷고 있다가 깊은 강을 만나는 것과 같습니다. 당신이 무얼 할 수 있겠습니까? 그래서 구루가 당신을 건네게 해주어야 합니다. 이때 당신은 매우 높은 단계에서 더 이상 발전하려는 욕구가 없을 정도로 신의 뜻에 순복하게 됩니다. 이제 구루는 다시 와서 캥거루가 새끼를 주머니에 넣고 다니는 것처럼 당신을 다음 단계로 데려가야 합니다. 마침내 우리가 무한한 바다의 기슭에 도착하면 구루는 그곳에서 우리를 기다리고 있는데, 이제는 우리에게 수영을 가르쳐야 합니다.

구루는 트랜스미션으로 이 모든 것을 성취하며 그 관리인은 바로 구루입니다. 뛰어난 구루가 단 한 번 은총을 베풀면 수천 번의 트랜스미션으로도 결코 하지 못한 일을 성취할 수 있습니다. 다시 말하지만 이것은 마법 같은 방식으로 일어납니다. 은총이 무엇인지, 그것이 트랜스미션과 어떻게 다른지 알려면 은총을 경험해야 합니다. 이는 느낌의 문제입니다. 트랜스미션과 은총이 없으면 하트풀니스 수행은 의미가 없으며, 구루가 없으면 트랜스미션도 없고 수행자에게 은총을 전달해줄 사람도 없습니다.

화폐는 무언가로 가치를 보증해야 하는 것처럼 영적 수행도 마찬가지입니다. 예전에 화폐는 금으로 그 가치를 보증했습니다. 더 이상 금본위제는 없지만 보증받지 못하는 화폐는 가치가 없으므로 화폐에는 다른 형태의 보증이 있습니다. 이것이 바로 수행을 받쳐주는 구루의 역할입니다. 구루는 영적 금본위제의 보증인입니다."

책을 마치며

제가 하트풀니스를 처음 경험한 지 15년이 지났습니다. 그 오랜 세월 동안 하트풀니스 수행을 계속한 원동력은 무엇일까요? 저는 첫날부터 완전히 만족했습니다. 제게 더 추구해야 할 무엇이 남아있을까요? 저는 지난 15년 동안 경험한 평화와 만족감만큼이나 내면에서 어떤 불안감이 계속 커지고 있습니다. 그 불안은 조용한 내면 신호에 따른 반응으로 질문 형태로 다가왔습니다.

"너는 네가 되어야 마땅한 사람인가?"

이 질문에 외적인 답은 없습니다. 답은 질문 자체에 있습니다. 제가 '제가 되어야 마땅한 사람'이라면 이런 질문이 생길 수 없겠지요. 이 질문은 절망이나 무력감을 표현하는 것이 아닙니다. 오히려 가능성을 품고 있습니다. 이러한 질문이 없으면 진화도 있을 수 없습니다.

변화는 우리 손에 달려있습니다. 하트풀니스 수행은 우리에게 자신을 변화시킬 도구를 제공하지만, 우리는 그 도구를 사용할지 선택해야 합니다. 자신을 변화시킨다는 것은 내면 변화에서 시작해 자신을 새롭게 창조하는 것을 말합니다. 내면 변화는 명상 수행 결과이며 이는 저절로 이뤄집니다. 내면 변화가 없으면 우리의 성격과 생활 방식 변화는 꿈에 불과합니다. 그런데 이 외적 변화는 저절로 이뤄지지 않습니다. 여기에는 우리의 절대적인 의지가 필요합니다.

하트풀니스의 기적은 우리가 자신을 변화시키기로 결심하는 바로 그 순간 이미 변화가 찾아온다는 점입니다. 우리는 그것을 원할 필요가 없습니다. 기도할 필요도 없습니다. 그것을 위해 노력할 필요도 없습니다. 우리가 기꺼이 마음의 문을 활짝 열고 우리 내면을 들여다보기만 한다면 변화가 이미 존재하고 있음을 발견할 겁니다.

"당신은 당신이 되어야 마땅한 사람입니까?"

이 질문에 또 다른 질문으로 답할 수도 있습니다.

"내가 어떤 사람이 되어야 마땅한지 어떻게 알 수 있을까요?"

다시 말하지만 외적인 답은 없습니다. 오직 당신의 가슴만 말할 수 있습니다. 당신이 기꺼이 귀를 기울인다면 가슴은 이 문제에 침묵하지 않을 것입니다. 오히려 대답이 솟아오를 겁니다.

그러나 가슴이 계속해서 신호를 보내도 마음이 폭풍우 치는 바다처럼 격동하면 신호를 놓칠 수 있습니다. 가슴은 우리가 필요할 때마다 우리를 인도할 수 있지만 그 신호는 우리의 생각,

감정, 감각 그리고 기타 여러 자극에서 오는 갖가지 배경 소음 속에서 나타납니다. 내면 환경이 너무 시끄러울 때 어떻게 우리가 가슴의 미묘한 신호를 인식할 수 있겠습니까?

과학자들은 이런 상황을 신호 대 잡음 비율로 설명합니다. 이 비율은 배경 소음 속에서 원하는 신호가 어느 정도나 들리는지를 나타냅니다. 예를 들어 라디오 수신기를 특정 주파수로 튜닝하면 잡음이 들리는 경우가 많습니다. 잡음이 너무 많을 경우 해당 주파수를 들을 수 없습니다. 신호가 잡음에 묻혀버리는 것입니다.

우리 안의 신호는 절대 소리치지 않습니다. 그들은 주장하지도 않습니다. 속삭이듯 부드럽고 잔잔하게 다가옵니다. 그것은 말이 아니라 미묘한 감정이며 영감을 받은 아이디어로 마음에 반영됩니다. 마음이 조용하고 고요하지 않으면, 정서적으로 균형 잡혀 있지 않으면, 이러한 신호는 결코 우리 인식의 표면 위로 드러나지 않습니다.

호수 밑바닥에 보물 상자가 있다고 상상해보십시오. 호수가 잔잔하고 맑으면 수면 아래의 황금빛 반짝임을 볼 수 있을 겁니다. 반대로 물이 거칠고 침전물로 가득 차 있으면 아무것도 볼 수 없습니다. 이 호수는 마음이고 보물 상자는 가슴입니다. 파도는 조절하지 않은 우리의 생각이고 침전물은 우리의 지각을 왜곡하는 인상의 네트워크입니다. 가슴은 마음이 고요하고 맑을 때만 그 비밀을 드러낼 수 있습니다. 우리는 마음의 평온을 위해 명상합니다. 우리는 마음이 맑아지도록 정화합니다. 그리고 우리는 가슴의 신성한 메시지를 받아들이기 위해 기도하는 마음과 겸손한 내면 태도를 유지하려 합니다. 겸허하게 받아들이는 태도와 차분하고 맑은 마음을 유지하면 가슴의 충동은 저절로 영감 넘치는 생각으로 바뀝니다. 그러면 우리는 삶의 다양한 상황에서 창조적으로 생각하고 대처할 수 있습니다.

역사적으로 인간은 영감을 저절로 떠오르는 것, 즉 우리가 의식적으로 통제할 수 없는 것으로 간주해왔습니다. 그러나 우리는 스스로 영감을 끌어낼 수 있습니다. 명상 수행으로 마음을 다스리면 가능합니다. 그런 의미에서 명상은 영감을 포착하고 적극 키우는 방법입니다.

그렇게 포착한 영감으로 무엇을 할 수 있을까요? 우리는 그것을 이용해 주어진 상황에 가슴으로 반응할 수도 있고, 그 대신 마음으로 반응하는 방법을 선택할 수도 있습니다. 다지는 우리가 가슴의 진화 신호를 무시하면 어떤 수행도 우리를 도울 수 없다고 한 적이 있습니다. 어떤 구루도 우리를 도울 수 없습니다. 심지어 신조차 우리를 돕지 못합니다.

"왜 그렇지요?" 저는 그에게 물었습니다. 그는 "잠자는 사람을 깨우는 건 쉽습니다. 그렇지만 자는 척하는 사람은 누구도 깨울 수 없습니다!"라고 말했습니다.

당신이 가슴에 귀 기울이면 가슴은 점점 더 명확하게 당신에게 말할 것입니다. 반대로 신호를 무시하면 그 신호는 약해지고 인식하기가 더 어려워집니다. 그러나 가슴을 따르는 건 쉽습니다! 우리에게 필요한 것은 반복 경험에서 나오는 약간의 용기와 확신뿐입니다.

가슴의 영감은 늘 사랑 그 자체인 본성과 조화를 이룹니다. 가슴은 결코 당신을 잘못된 길로 인도하지 않습니다. 예를 들면 절대로 무언가를 훔치거나 다른 사람을 해치라고 말하지 않습니다. 가슴의 영감에 따라 살면 우리 행동은 자연스럽게 저절로 선해집니다.

때로 가슴은 우리에게 긍정적 행동을 하도록 영감을 줍니다. 누군가를 도우라고 말하거나 새로운 통찰력을 주기도 합니다. 또한 가슴은 양심 형태로 부정적인 행동을 경고합니다. 반면 긍정적 피드백을 제공하는 경우는 거의 없습니다. 다지가 자주 말했듯 가슴은 당신의 선행을 축하하지 않습니다!

"당신의 폐가 정상적으로 숨 쉬는 것을 축하하나요?" 그가 제게 이렇게 물은 적이 있습니다.

우리는 숨 쉬는 게 힘들 때만 호흡을 의식합니다. 그것은 무언가가 잘못되었다는 신호입니다. 마찬가지로 가슴은 "와, 정말 잘하고 있구나!"라고 말하지 않습니다. 단지 우리 자신을 변화시켜야 할 때를 알려줄 뿐입니다.

그러나 당신의 삶이 그 본성을 따라 진화하기 시작할 때, 가슴은 신비로운 기쁨과 긍정으로 진동합니다. 그것이 바로 가슴의 환희입니다. 그 목적은 충만함입니다.

과연 우리는 어느 때 진정으로 진화하기 시작할까요? 이 질문에 답하려면 우리는 가슴을 이해해야 합니다. 가슴은 공동선을 향해 나아갑니다. 가슴은 '자기self'에 집착하지 않기 때문에 개인의 영적 진전에 집착하는 것은 가슴을 움직이지 않습니다. 마음은 '내 것my'을 생각하지만 가슴은 '우리 것our'을 생각합니다. 머리는 나me를 생각하지만 가슴은 우리we를 생각합니다. 가슴속에서 우주는 완전체입니다.

영적인 삶은 우주와 연결된 삶입니다. 이 경우 그것은 단지 '나'에 관한 것이 아닙니다. 강에서 멀어진 시냇물은 바다에 도달하는 경우가 거의 없습니다. 오히려 한곳에 정체해 악취가 나기 시작합니다. 우리 삶에서 소명을 원한다면, 즉 무한한 바다의 기슭에 도달하고 싶다면 개인의 목적은 잊어야 합니다. 나 자신만 생각하면 가슴이 내가 하는 모든 일에 협조하지 않습니다. 실제로 저는 제 삶에서 이 사실을 깨달았습니다. 인생의 목적은 결코 개인적이지 않습니다. 그것은 언제나 집단적입니다. 우리가 말과 행동 그리고 가장 중요한 의도에서 진심으로 이타적일 때 우리 삶은 다른 방향으로 흘러갑니다. 우리는 고귀해집니다. 그러면 우리 가슴은 행동으로 옮겨집니다. 가슴의 소리에

귀 기울이고 충실히 따르십시오. 당신의 내면이 구루가 되게 하십시오. 그 구루가 삶의 모든 단계에서 모든 세부 사항을 당신에게 안내할 것입니다. 이것이 바로 하트풀니스입니다.

후기

- 제임스 도티James R. Doty, MD
스탠퍼드대학교 의과대학 신경외과 교수이자
연민과 이타주의 연구 교육 센터CCARE 설립자 겸 소장

몇 년 전 저는 캄레시 파텔(그의 동료들 사이에서는 '다지'로 불림)을 따르는 사람 중 하나가 하트풀니스 센터를 언급했을 때 그를 처음 만났습니다. 그때 저는 하트풀니스 수련과 그 수련이 가슴을 여는 데 미치는 심오한 효과를 알게 되었습니다.

가슴을 열기 위한 저만의 여정을 시작한 것은 열두 살 때였습니다. 분노와 적대감, 절망을 불러일으키는 어렵고 힘든 환경에서 자란 저는 제 상황이 변할 수 없고, 제게 변할 자격도 없다고 믿고 있었습니다. 그러던 어느 날 저는 다지를 만나 세상을 다른 방식으로 바라보기 시작했고, 행복을 만들고 개인이 발전하며 웰빙을 촉진하는 방법은 가슴이 중심이 되는 것임을 알게 되었습니다. 이 통찰은 그때부터 제 안에 불꽃을 불러일으켰습니다. 스탠퍼드대학교의 연민과 이타주의 연구 · 교육 센터 설립자이자 책임자로서 제가 지난 10년 동안 더 깊이 배운 것이 바로 그 통찰입니다.

제 삶의 여정에서 저는 가슴을 중심에 두어야 한다는 진리를 서서히 깨달아왔습니다. 젊었을 때는 성공과 행복이 직업적 지위, 부 그리고 '물질' 소유에 따른 결과라고 믿었습니다. 그런데 이 모든 것을 다 가졌을 때 저는 그 어느 때보다 불행하다는 것을 알아챘습니다. 행복은 다른 곳에 있었습니다. 다지와 공동 저자인 조슈아 폴락이 이 책《가슴으로 가는 길-하트풀니스 명상법》에서 설득력 있게 보여주듯 의미와 목적, 궁극적 행복을 찾는 것은 가슴에서부터 일궈가야 합니다. 가슴이 중심인 삶에서는 모든 것이 가능합니다.

이 심오한 책에는 하트풀니스 명상 수행에서 진전을 이루는 몇 가지 실용적인 도구와 기법이 담겨있습니다. 하트풀니스는 우리의 자연스러운 상태입니다. 평온하고 친절하며 자비로운 것이 우리의 자연스러운 상태입니다. 이 상태에서 우리는 현실의 진정한 본질을 볼 수 있고, 우리의 목적을 볼 수 있으며, 상호의존성을 명확히 알 수 있습니다. 마음이 충만한 상태에 있을 때 우리는 다른 이들을 조건 없이 사랑하고, 우리가 다른 이들에게 베푸는 것이 결국 우리 자신에게 베푸는 것임을 인식합니다. 다지께서는 이 책에서 "우리는 의식을 탐구하고 확장하며, 심지어 의식을 넘어 우리의 진정한 잠재력을 발견합니다"라고 말합니다.

조슈아는 우리에게 이렇게 고백합니다.

"저는 불교, 도교, 수피교, 기독교 등 여러 종교의 문헌을 섭렵했습니다. 아리스토텔레스와 아우구스티누스, 에머슨과 에피쿠로스도 읽었습니다. 그러다 문득 그동안의 모든 독서에서 다른 사람들의 경험과 사고만 배웠다는 생각이 들었습니다. 그럼 나 자신의 경험은 무엇이지?"

그의 여정에서 우리는 우리의 공통된 여정을 봅니다. 그 공통의 여정을 되돌아보면 수많은 유사점과 진실을 발견할 수 있습니다.

하트풀니스 명상으로 우리는 마음의 복잡함에서 가슴의 단순함으로 나아갈 수 있습니다. 역설적으로 보이지만 이로써 우리는 자연 상태의 일부가 아닌 많은 산만함에서 마음을 해방할 수 있습니다. 인간은 서로 돌보고 보살피도록 진화한 종입니다. 하지만 안타깝게도 많은 사람이 현대 사회의 과도한 요구로 인해 이 자연스러운 상태를 잃어버렸습니다. 그 결과는 고통과 불안입니다. 우리 마음이 고통을 유발합니다. 하트풀니스 수행으로 우리는 이런 현실을 직시하고 집중과 집중하려 애쓰는 것을 향상하는 동시에 가슴을 돌볼 수 있습니다. 하트풀니스 수행은 긍정적인 정신 상태를 촉진할 수 있는 환경을 조성해 세상을 향한 우리의 인식과 그 안에서 우리의 행동에 영향을 미칩니다.

우리는 모든 종교와 영성 전통에서 나오는 일체감, 연민, 친절의 모범에 둘러싸여 있습니다. 그리고 저마다의 길에서 진정한 자유와 행복은 가슴 중심의 삶에서 발현한다는 공통 진리를 발견했습니다.

이 책이 우리에게 주는 선물이 바로 이 진리입니다. 이 책에서 여러분은 우리 자신의 삶을 풍요롭게 하고, 그럼으로써 주변 사람들의 삶도 풍요롭게 하는 하트폴니스의 기술과 방법을 알게 되실 것입니다.

감수자의 글

- 문진희

명상가이자 구도자
(사)한국하트풀니스명상협회, 요가삿상 대표

하트풀니스Heartfulness는

이생에서 만난 내 영혼의 양식입니다.

다지Daaji 스승님께 엎드려 절 올립니다.

이완법Relaxation으로

육체 의식에서 벗어날 수 있었으며

손에 쥐고도 찾았던 열쇠를 가지게 되었습니다.

정화행법Cleaning을 통해

내 육체는 사원이 되고

나의 삼스카라를 제거해 나아가고 있습니다.

기도함으로써

근원과의 연결을 통해 나의 모든 행위는 기도가 됩니다.

명상으로

나의 삶은 기적을 만들어가고

비밀스러움은 비밀이라 하지 않아도 됩니다.

다지를 뵙던 날, 나는 비로소 삼매Samadhi를 경험하였습니다.

그 경험이 나에게 큰 변화를 가져왔습니다.

"하트풀니스 명상의 특징은 무엇입니까?" 질문하였습니다.

다지 스승님의 답변이십니다.

"하트풀니스 명상법은 다른 많은 명상법처럼 하나의

방법입니다.

다만, 하트풀니스 수행법 안에는 트랜스미션Transmission,

즉, 프라나후티Pranahuiti라는 특징이 있습니다.

그것은 원래 있었던 고유의 전통 명상으로 현대인들에게

알맞게 보급하고 있습니다.

트랜스미션이 하트풀니스 명상의 핵심열쇠입니다.

과거에는 트랜스미션은 숨겨져 있었습니다.

이제는 자유롭게 이용할 수 있습니다."

이전 시대에 트랜스미션이 숨겨져 있었던 것이
이 시대에는 트랜스미션을 널리 보급하고 있는 것은
오늘날 패러다임이 달라졌고
인류 진화 단계가 달라진 것이라 말씀하셨습니다.

나는 다지 스승님을 뵙고
하트풀니스 "프라나후티"를 들고 한국으로 돌아왔고
벗들과 함께 수행에 몰두하였습니다.

명상하십시오.
당신을 알게 되고,
명상하십시오.
당신의 환상에서 벗어나며,
명상하십시오.
당신의 영혼도 자유롭게 춤출 것입니다.

용어 정리

구루 guru. 빛, 지식을 전달하는 사람. 영적 스승.

니슈캄 카르마 nishkam karma or nishkaama karma. 결과에 집착하지 않고 행함. 욕망 없는 행동.

니야마 niyama or niyam. 아슈탕가 요가의 두 번째 단계. 지켜야 할 것.

다라나 dharana or dharna. 마음을 하나의 대상에 고정하는 것. 파탄잘리 아슈탕가 요가의 여섯 번째 단계.

다르마 dharma. 문맥에 따라 다양한 용도로 쓰임. 의무, 정의로움, 운명적인 길, 진리, 미덕, 준수해야 하는 것, 법과 정의의 삶 등.

디야나 dhyana or dhyaan. 지속적인 주의. 명상. 파탄잘리 아슈탕가 요가의 일곱 번째 단계.

라자 요가 raja yoga or raaja yoga. 자아 혹은 신을 깨닫기 위한 고대의 체계 또는 학문 영역. 하타 요가와 구별해 일반적으로 명상 수행에 사용함.

마하트마 mahatma or mahaatmaa. 위대한 영혼, 성자.

목샤 moksha. 해방.

박티 bhakti. 헌신.

보가 bhoga or bhogam or bhog or bhogaa. 인상 효과를 겪는 과정. 경험. 즐거움. 고통.

브라만 Brahman or Brahm. 신, 지고의 존재.

사마디 samadhi or samaadhi. 원래의 균형. 현실에 집착하지 않는 상태, 태초에 있었던 본래로 돌아가는 상태. 파탄잘리 아슈탕가 여덟 단계 중 여덟 번째 단계.

산야시 sanyasi or sayasin or sannyaasi or sannyaasin. 속세를 떠나 독신과 고행의 고독한 삶을 사는 사람.

삼스카라 samskara. 인상.

스와미 swami or swaami or swamiji swaameeji. 힌두교 사제. 성자.

슬로카 shloka. 고대 경전 구절.

시팅 sitting. 보통 20분에서 1시간 동안 지속하는 명상 세션. 구루나 하트풀니스 트레이너가 정화와 전달을 목적으로 그룹 또는 개인과 함께 명상함.

아디 샥티 adi shakti or aadi shakti. 요가 트랜스미션 과정에서 이용하는 원초적 동력 혹은 원래의 힘.

아르타 artha. 생계를 유지하는 방법과 수단. 물질적 번영. 부와 권력.

아사나 asana or aasana. 자세. 파탄잘리의 아슈탕가 여덟 단계 중 세 번째 단계.

아슈탕가 요가 ashtanga yoga or ashtaanga yoga. 파탄잘리는 요가를 여덟 단계 또는 여덟 가지로 설명했습니다. 야마(바른 행동), 니야마(규율, 규범), 아사나(자세), 프라나야마(호흡), 프라티아하라(감각 회수), 다라나(주의 집중), 디야나(지속적인 주의), 사마디(원래의 상태, 균형)가 그것입니다.

야마 yama. 아슈탕가 여덟 단계 중 첫 번째 단계. 하지 말아야 할 계. 폭력, 거짓, 강도, 음란, 탐욕을 금하겠다는 서약.

요가 yoga. 낮은 자아와 높은 자아, 즉 신을 결합하기 위한 철학과 수행 체계.

요가니드라 yoganidra or yoganidraa. 잠들어 있는 것처럼 보이지만 내면은 깨어있는 요기의 영적 상태.

요기 yogi or yogin. 요가를 수련하는 사람. 절대자와 합일을 이루는 사람.

우파라티 uparati. 자기 회수. 자신 안으로의 침잠.

카르마 karma. 행동.

카마 kama or kaama. 욕망. 사랑. 열정. 기쁨과 즐거움.

타바조 tavajjoh. 요가 트랜스미션과 유사한 과정을 뜻하는 수피교 용어.

파라브라만 Para Brahman. 규정할 수 없는 절대자. 존재의 궁극적 원인으로서의 신.

프라나야마 pranayama or pranayamaa. 프라나(생명력)와 아야마(확장)에서 파생한 단어. 하타 요가의 호흡 기술. 파탄잘리 아슈탕가 여덟 단계 중 네 번째 단계.

프라나후티 pranahuti or praanaahuti. 트랜스미션 과정. 생명력을 의미하는 프라나와 공양을 뜻하는 아후티에서 파생한 단어. 구루가 수행자의 마음에 생명력을 불어넣는 행위.

프라티아하라 pratyahara or pratyaahaara. 감각 기관과 마음의
내적 회수. 파탄잘리 아슈탕가 여덟 단계 중 다섯 번째 단계.

가슴으로 가는 길

초판 1쇄 인쇄	2024년 3월 3일
초판 1쇄 발행	2024년 3월 9일

지은이	캄레시 파텔 · 조슈아 폴락
옮긴이	한국하트풀니스명상협회
감수자	문진희
펴낸이	장건태, 황은희
책임 편집	솔림
디자인	Vita Deva
사진	shutterstock(표지)
제작	제이오
펴낸곳	마이트리
주소	경기도 파주시 돌곶이길 170-2(10883)
등록	2018년 10월 4일(제406-2018-000114호)
전화	031-955-9790
팩스	031-955-9796
전자우편	info@suobooks.com
홈페이지	www.suobooks.com
ISBN	979-11-93238-22-6 03180 책값은 뒤표지에 있습니다.

마이트리(maitri)는 산스크리트어 미트라(mitra)에서 유래한 말로 진실한 우정을 뜻합니다.
사랑과 자비의 마음을 담은 책을 펴내고자 합니다.